AUF
BESTEM
WEGE

AUF  BESTEM WEGE

Die besten Ausflüge der beliebten Wochenserie

von Bremen bis an die Küste zum Nachlesen,

Nachmachen und Selbstentdecken.

mit Ariane Wirth
& Janine Horsch

Carl Schünemann Verlag

UNTERWEGS...

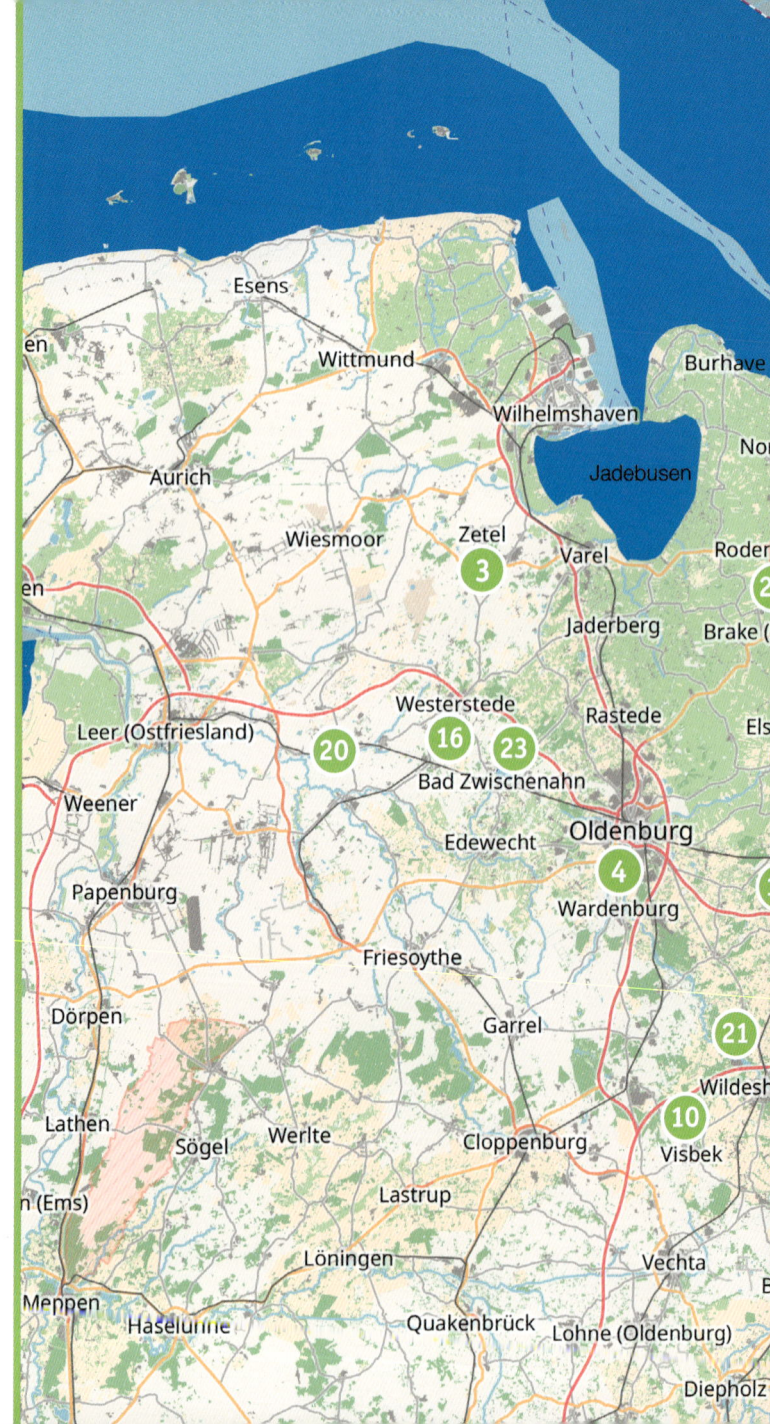

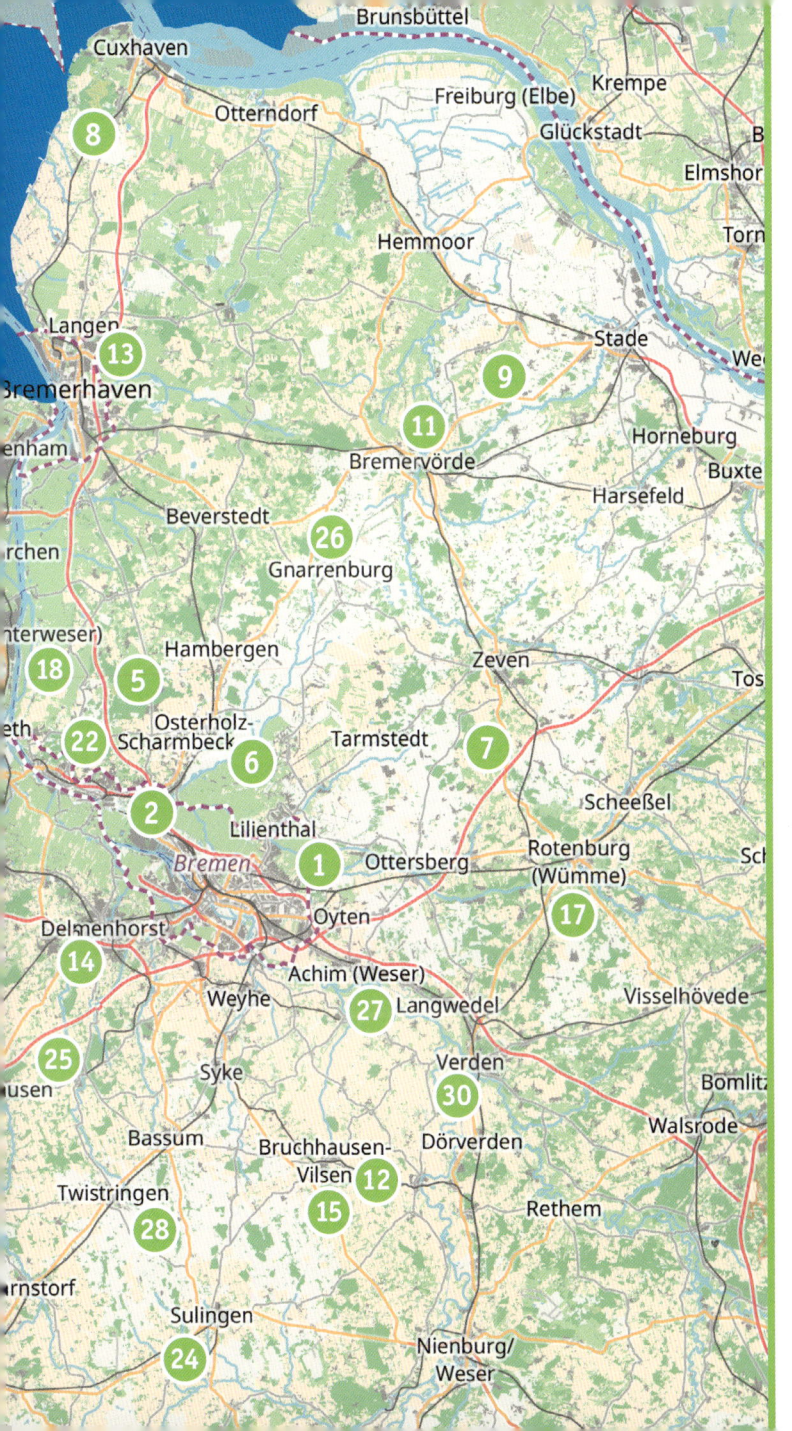

Bremen Oberneuland

Fischerhude

Nach Fischerhude wandern

Ein Künstlerort im Bremer Umland? Das muss nicht automatisch heißen, dass es nach Worpswede geht. Diese Wanderung beweist, dass auch der Weg nach Fischerhude sich lohnt, wo unter anderem Otto Modersohn und Clara Rilke-Westhoff lebten und arbeiteten.

Zugegeben: Der Einstieg in diese Wandertour ist nicht unbedingt charmant. An der Rockwinkeler Heerstraße ist noch ein bisschen Verkehr, dafür kann man im Vorbeigehen die vielen prunkvollen Eigenheime Oberneulands und hübsche alte Bauernhäuser bewundern. Und schon bald geht es zum Hodenberger Deich – der führt auf einem wirklich schönen Weg nach Fischerhude.

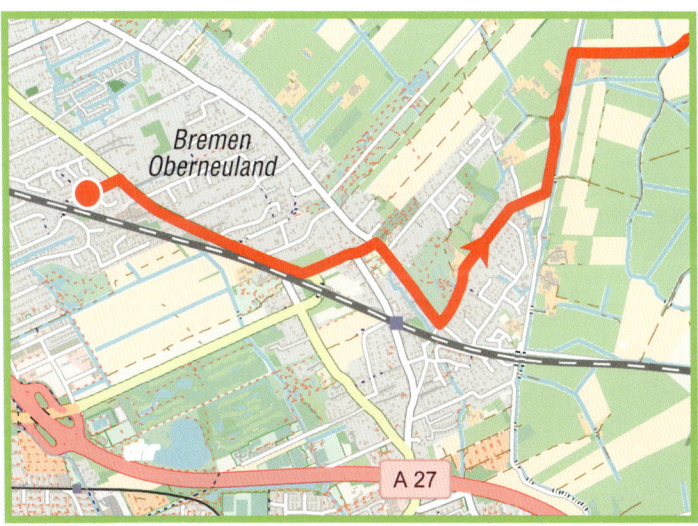

Hinein ins Grüne

Hier ist man nur von guter Landluft, grünen Weiden und viel
Horizont umgeben. Klar, dass das kein echter Geheimtipp mehr
ist. Am Wochenende teilen sich Spaziergänger, Skater und
Radfahrer den Deich.

Vom Deich geht es nach ungefähr zwei Kilometern herunter
– über den kleinen Boddensee und den Wümme-Südarm. Hier
beginnt die Wümme-Niederung und das pralle Grün. Viele kleine
Holzbänke und wunderschöne Natur laden immer wieder dazu
ein, den Füßen kleine Pausen zu gönnen.

Über die Straße Von der Borg und weiter über die Molkerei-
straße gelangt man schließlich direkt ins Zentrum von
Fischerhude.

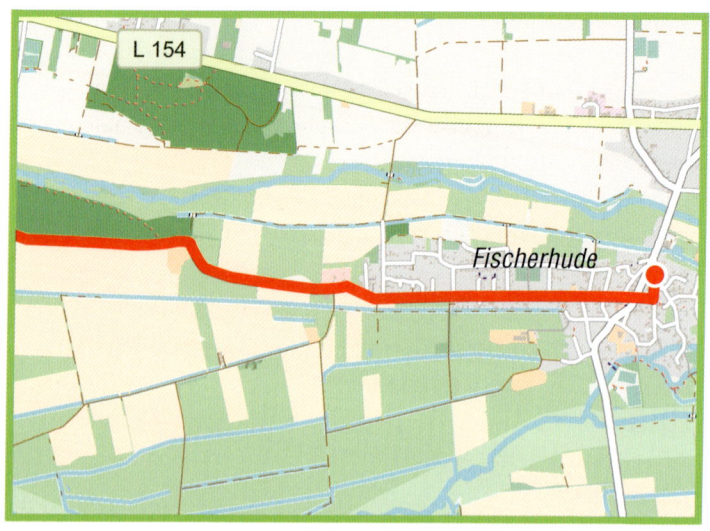

Malerischer Künstlerort mit leckerem Kuchen

Der wunderschöne Künstlerort ist einfach in jeder Ecke sehenswert, auch wenn er immer ein wenig im Schatten von Worpswede steht. Man spaziert über Kopfsteinpflaster-Straßen, vorbei
an alten Fachwerkbauten mit Blick in Traumgärten. Überall ist
der Ort sehr grün und es gibt zahlreiche kleine Wasserläufe mit
idyllischen Brücken. Außerdem gibt es lohnende Ziele wie das
Otto-Modersohn-Museum oder die Liebfrauenkirche mit dem
alten Friedhof. Und selbstverständlich gibt es in Fischerhude
auch wunderbare Einkehrmöglichkeiten – wie zum Beispiel das
„Puppen-Café". Hier bekommt man wirklich alles, was man sich
nach dieser doch recht ausgedehnten Wanderung wünscht. Es
gibt Kuchen satt an einem großen Buffet – und das zu fairen
Preisen.

Ein lohnender Tagesausflug

Wer den Rückweg nicht zu Fuß antreten möchte, sollte sich allerdings rechtzeitig über die Fahrpläne des öffentlichen Nahverkehrs informieren, es gibt eine Busverbindung (am Wochenende nur ein Bus am Nachmittag), alternativ kann man zum Bahnhof Sagehorn laufen, das sind allerdings weitere 6 Kilometer.

Tatsächlich ist dieser Wanderweg tagesfüllend und nur mit gutem Schuhwerk angenehm – dann aber unbedingt empfehlenswert!

Radrundweg von Vegesack nach Ritterhude

Ein Ausflug ganz im Zeichen des Wassers und der Flüsse in der Region: Ein Radrundweg führt von Vegesack nach Ritterhude entlang der Weser, Lesum, Hamme und Wümme. Auf der linken Ufer-Seite geht es hin und auf der rechten zurück.

Gleich zum Start der Tour lässt sich mit etwas Glück ein ganz besonderer Ausblick genießen, denn der Rundweg beginnt in Vegesack – und bei der Lürssen-Werft auf der gegenüberliegenden Weser-Seite liegen mitunter riesige Luxusjachten.

Der Vegesacker Hafen

Von dort geht es weiter zu einem nicht minder beeindru-
ckenden Traditionsschiff, das vor allem ganz sicher angeschaut
werden kann: Das Schulschiff Deutschland ist ein schnieker
Dreimaster und, wie schon der Name verrät, ein ehemaliges
Segelschulschiff. Es liegt auch in Vegesack, allerdings auf der
Lesum. Und genau an diesem Fluss entlang geht es zunächst
auch weiter – vorbei an den Villen der reichen Bremer Kaufleute
und durch Knoops Park. Einen ganz idyllischen Stopp mit Blick
auf die Lesum gibt es im Café „Knoops Park".

Von der Lesum zur Hamme und zur Wümme

Nach der Pause geht es weiter in Richtung Ritterhude. Aus der
Lesum wird dabei die Hamme. In Ritterhude wird der Fluss
überquert. Der Rückweg führt dann immer entlang der anderen
Uferseite mit einem kleinen Schlenker an der Wümme vorbei.

Der Weg ist dabei ganz einfach zu finden, wenn man den Flüssen folgt und sich von ihnen leiten lässt. So führt die Wümme letztlich zurück nach Bremen-Lesum, wo viele, wenn auch kleinere Segelschiffe zu bestaunen sind. Auf der Lesum sind bei gutem Wetter immer viele Motorboote unterwegs. Auch am Ufer liegen zahlreiche Sportboote – es ist eine sehr maritime Route, die man hier auf rund dreißig Kilometern abfährt.

Am Lesumer Sperrwerk kann der Fluss überquert werden, um wieder nach Vegesack zurückzukommen – und vielleicht noch mal kurz von den großen Jachten zu träumen.

Zetel

K 102

B 437

Wandern im Neuenburger Urwald

Ursprüngliche Natur mit echt friesischem Urwald – eine Wandertour zwischen Neuenburg und Zetel.

Bei „Urwald" denken wohl die meisten zuerst an einen tropischen Regenwald mit exotischen Tieren und Pflanzen. Aber Urwälder gibt es auf der ganzen Welt – alle ein bisschen unterschiedlich. Nur in einer Sache sind sie alle gleich: Urwälder sind ursprünglich! Bäume, Pflanzen und Tiere entwickeln sich ganz ohne menschlichen Einfluss. Das gilt auch für den Wald bei Neuenburg, der mit dem Auto gut zu erreichen ist. Es gibt einen Parkplatz bei Neuenburg und einen bei Zetel.

Vogelparadies mit Hohltaube und Schwarzspecht

Es zwitschert und quiekt aus allen Ecken – im Neuenburger Urwald gibt es Natur pur. Wer etwas mehr sehen möchte, sollte sich mit einem Gästeführer, zum Beispiel vom NABU Oldenburger Land, auf den Weg machen. Die können viel über die reiche Tier- und Pflanzenwelt berichten. Mit Glück und Kennerblick können an einem einzigen Tag bis zu 30 verschiedene Vogelarten beobachtet werden, darunter auch besonders erwähnenswert die Hohltaube und der Schwarzspecht.

Unter den 30 Meter hohen Bäumen – viele Eichen und Buchen, dazwischen auch Ilexe – ist der Himmel fast nicht zu sehen, so eng sind die Baumkronen zusammengewachsen. Ein toller Ort, um zu entspannen oder Sport zu machen. Viele Jogger und Nordic-Walker sind hier unterwegs.

Strecke für jeden Geschmack variierbar

Auf den knapp zwei Meter breiten Trampelpfaden gibt es keinen festen Rundkurs – jeder kann sich seine Route selbst zusammenstellen. Und auch ohne Gästeführer ist die Orientierung kein Problem. An jeder Abzweigung gibt es Pläne, auf denen das gesamte Streckennetz verzeichnet ist. Wer Lust hat, wirklich alles abzulaufen, braucht vier bis fünf Stunden, die kürzeste Route dauert ein bis zwei Stunden.

Gegen Mücken wappnen

Wer Probleme mit Mücken und ähnlichen Plagegeistern hat, sollte sich vor Beginn der Wanderung auf jeden Fall mit einem entsprechenden Schutz einsprühen, denn im Neuenburger Urwald fliegen ganz schön viele Insekten herum.

Empfehlenswert ist auf jeden Fall der Gang zur alten Jagdhütte. Hier gibt es ein echtes Wahrzeichen: eine 800 Jahre alte Eiche. Allerdings liegt sie mittlerweile leider neben dem Wanderweg, nachdem einen Sturm sie zum Umsturz gebracht hat. Die Rinde sieht schon ganz verfranzt aus, weil viele Besucher sich ein Stückchen mit nach Hause genommen haben.

Einkehr im „Urwaldhof"

Regionale Küche, leckere Kuchen und Desserts

Die meisten Besucher sind erstaunt über diesen wunderbaren Wald in Ostfriesland – und begeistert von den Wegen, auch wenn es im Wald selbst keine Bänke für kleine Pausen gibt.

Dafür bietet sich bei der Rückkehr zum Parkplatz eine tolle Einkehr an: Der „Urwaldhof" sieht nicht nur verlockend aus, sondern bietet auch gute gehobene, altdeutsche Küche. Alles von der Familie Ostendorf, die den Hof betreibt, selbst zubereitet, an manchen Tagen wird gegrillt. Und auch süße Schleckermäuler, denen nach dem Waldspaziergang der Sinn eher nach einem Stück Kuchen oder einem Dessert steht, finden hier alles, was das Herz begehrt.

Mit dem Rad durchs Oldenburger Umland

Mit dem Fahrrad immer am Fluss entlang lässt sich das Oldenburger Umland ganz wunderbar erkunden – wobei der Weg mitunter durch die Schafe auf dem Deich bestimmt wird ...

Die Radtour startet am Magdalene-Frühstück-Platz in Wardenburg. Den findet übrigens auch das Navi und hier gibt es Parkmöglichkeiten. Der Platz ist nach einer Wardenburgerin benannt; Magdalene Frühstück war Organistin und hat hier Klavier und Schwimmen unterrichtet.

Vielfältige Möglichkeiten

Von hier aus gibt es grundsätzlich mehrere Möglichkeiten für den Start der Tour. Wer sich zum Beispiel für die andere Seite der Hunte entscheidet, fährt in Richtung des kleinen Schlösschens Iburg. Welche Seite die „richtige" ist, hängt mitunter von äußeren Umständen ab, denn manchmal grasen Schafe auf dem Deich – und dann wird der jeweilige Abschnitt gesperrt.

Auf beiden Seiten sind die Wege entlang des Deichs befestigt und auch bei den Einheimischen sehr beliebt, hier trifft man immer wieder auf Spaziergänger und Hundehalter auf ihrer Runde.

Zwischenstopp am Tillysee

Hinter der Iburg biegt der Weg nach rechts ab Richtung Tillysee, auf Waldwegen geht es weiter. Im Tillysee darf offiziell nicht gebadet werden, trotzdem sieht man bei sommerlichen Temperaturen oft Menschen im Wasser.

Flussidylle am Hunteufer

Von hier aus gelangt man auch auf die andere Hunteseite. Die Strecke ist ein Traum – auch für Inline-Skater, Jogger und Angler. Kleine Stege ragen überall ins Wasser und auf der Hunte liegen einige Hausboote.

Immer am Fluss entlang kommt man so ganz idyllisch bis zum Wasserkraftwerk, von dort geht es am Osternburger Kanal zurück zum Ausgangspunkt, dem Madgalene-Frühstück-Platz.

Von hier aus kann man noch einen kleinen Schlenker zum „Café am Glockenturm" machen und den schönen Ausflug mit einer kleinen Erfrischung oder einem Stück Kuchen beschließen.

Ein „Kirchrundweg"
in Wulsbüttel

Auf den Spuren früherer Kirchgänger geht es zu Fuß durch die Felder rund um Wulsbüttel. Und wo früher die Kirchenglocken zum Gottesdienst riefen, lockt heute Natur pur.

Der Ausflug in Wulsbüttel startet, wie nicht anders zu vermuten, an der St. Lucia-Kirche. Die kleine, urige Kirche liegt direkt an der Hauptstraße. Von hier geht es über die Straße direkt auf den ersten Feldweg des „Kirchwegs". Der Name ist allerdings etwas irreführend: Es ist kein Wanderpfad vorbei an vielen alten Kirchen – es ist der Weg, auf dem bis vor rund 80 Jahren die Gläubigen noch zu Fuß zur Kirche gegangen sind, also der direkte Weg, der von ihrem Wohnort bis zur Kirche führte.

Mit festem Schuhwerk durch die Wildnis

Auf den Feld- und Waldwegen kann es, je nach Wetterlage, ganz schön matschig werden, da ist festes Schuhwerk Pflicht. Und ab und zu muss man sich auch unter Sträuchern und Ästen hindurchducken. Der Kirchrundweg ist an vielen Stellen Wildnis pur, schließlich wird er heute auch kaum noch genutzt.

Alleine ist man hier dennoch nicht. Von überall singen die Vögel, ein Dachsbau ist zwischen den Bäumen versteckt – und auf einer Lichtung, die auf dem Weg liegt, kann man schon mal eine Rehfamilie treffen.

Die Kombination von Weite und Hügeln der norddeutschen Tiefebene lässt sich hier wunderbar genießen. Hinzu kommt die Abgeschiedenheit: Die nächste Straße liegt zwei Kilometer entfernt.

Von der Lichtung geht es zurück in ein kleines Wäldchen, dann gelangt man ins Wohngebiet an der Dreptefarm. Ein lohnender Abstecher, denn die Farm hat neben lauten Gänsen auch noch viele andere Tiere. Vor allem für Kinder ist das eine Attraktion. Von hier kommt man auch in die Moorgegend direkt neben der Aue.

Gemütlich entspannen im Café-Garten

Der Rundweg endet wieder vor der St. Lucia-Kirche. Wer die Wanderung mit einem Stück Kuchen und einem Kaffee abschließen möchte, geht noch ein paar Hundert Meter die Straße hinunter zum Café „Zur Wassermühle". Hier gibt es hausgemachte Torten in einem gemütlichen alten Mühlenhäuschen und auch der Garten lädt dazu ein, in der Sonne zu entspannen.

Der Kirchrundweg in Wulsbüttel ist auf jeden Fall eine Wanderstrecke für alle, die sich gern durchschlagen: durch Wälder, Dickicht und Moor. Und für diejenigen, die sich über die Ruhe der Natur freuen. Wer davon gar nicht genug bekommt, der kann die Strecke übrigens ganz einfach verdoppeln und auch den südlichen Teil des Rundwegs begehen.

Idyllisches Wulsbüttel

K 11

K 9

Mit dem Kanu auf der Hamme

Bei einer Kanutour sind – nicht nur auf der Hamme – Teamgeist und gute Armmuskulatur gefragt. Dafür gibt es zur Belohnung ein einmalig schönes Naturerlebnis.

Wer vorher noch nie Kanu gefahren ist, für den kann dieser Ausflug eine echte Herausforderung werden, denn schon der Einstieg im Hammehafen Worpswede ist eine wackelige Angelegenheit.

Ralf Soujon, der Chef des Kanuverleihs, kennt das Problem. „Alles nicht so schlimm", sagt er. „Die Gewichte müssen im Boot nur gleich verteilt sein."

Idyllische Flusslandschaft belohnt die Mühe

Wer hinten sitzt, steuert, wer vorne sitzt, gibt den Takt an. So geht es aus dem Hafen hinaus und vor dem Boot erstreckt sich eine idyllische Landschaft. An den Uferseiten liegen Wiesen und Felder. Es werden Brücken passiert, mitunter schwimmen Enten vor oder neben dem Boot her. Auf dem Wanderweg entlang der Hamme sind immer wieder Fußgänger unterwegs.

Mit durchschnittlich fünf bis sieben Kilometern pro Stunde ist man im Kanu auf der zwölf Meter breiten Hamme unterwegs, abhängig davon, wie eingespielt das Team ist und wie die Wetterbedingungen sind. Es ist nicht immer ganz einfach, geradeaus zu fahren. Besonders bei Seitenwind kann es passieren, dass das Kanu die Büsche am Ufer streift.

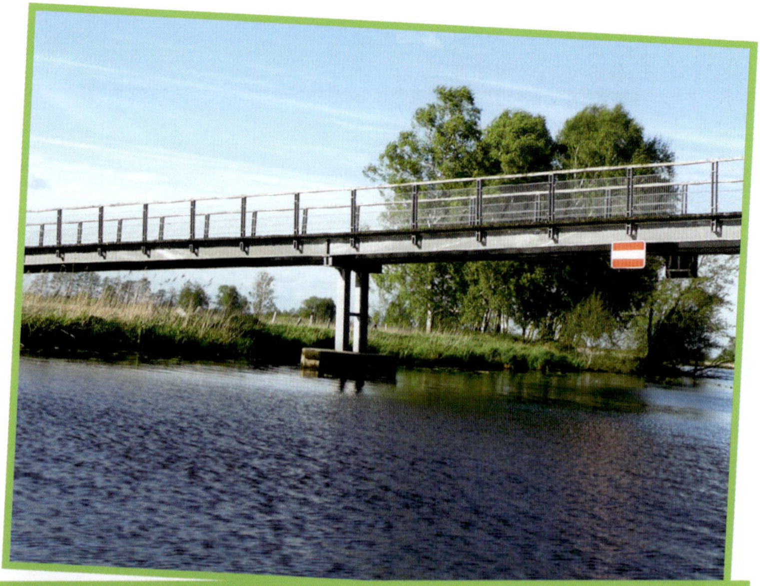

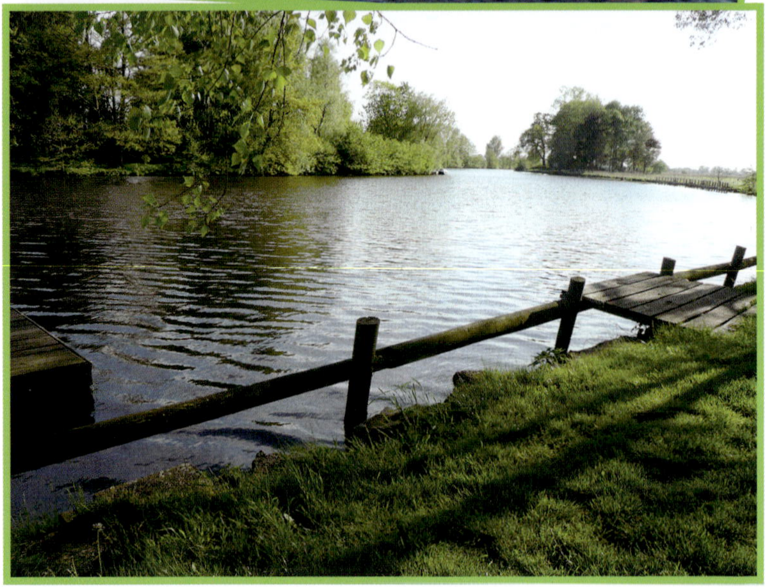

Nach rund einer Stunde taucht im Normalfall auf der rechten Uferseite eine schöne Einkehrmöglichkeit auf, die „Melchers Hütte". Auf der großen Terrasse stehen Bänke und Tische und wen es nach einer Rast verlangt, der kann hier mit dem Boot problemlos anlegen – und das Kanu am Steg auch bei Kaffee und Kuchen gut im Blick behalten.

So gestärkt wird auch der Heimweg etwas erleichtert. Gerade für ungeübte Freizeitsportler fühlen sich die gut 2,3 Kilometer, die es nun zum Hammehafen Worpswede zurückgeht, möglicherweise nach mehr an. Aber auch, wenn es ungewohnte Bewegungen sind: Ein Paddelausflug auf der Hamme ist ein großer Spaß!

So selbstverständlich wie anderswo ein Parkplatz: der Steg für Kanus an der „Melchers Hütte"

K 112

Nartum

Kempowskis Idylle erwandern

„Heimat können wir abhaken. Geblieben ist das Heimweh", so hat es Walter Kempowski in einem seiner Tagebücher geschrieben. Dass seine Heimat aber so gar nicht zum Abhaken ist, zeigt dieser Ausflug auf den Spuren des Schriftstellers – rund um Nartum.

Schon auf den ersten Blick ist klar: Nartum ist ein malerisches Fleckchen Erde! Es gibt hübsche Bauernhäuser mit Fachwerk, alte hölzerne Straßenschilder, liebevoll selbstgemalt. Es riecht nach Landluft und frisch gemähter Wiese. Ein echtes Idyll – und das schon am Startpunkt des Spaziergangs, am „Melkhus" in Nartum.

Von der Motormühle zum Großsteingrab

Zu Fuß – alternativ auch gut mit dem Rad – geht es vom Parkplatz beim „Melkhus" los Richtung Motormühle, die der zentrale Punkt im Ortskern Nartums ist. Vorbei an einem Großsteingrab direkt neben dem Nartumer Friedhof, stößt man auf ein Beet – das erste einer ganzen Reihe. Hier entlang führt nämlich auch die „Kräuter-Runde", ein weiterer Wanderweg durch die Umgebung.

Das „Haus Kreienhoop" kann mit etwas Glück besichtigt werden

Ein schöner Mischwald spendet Schatten

Wenn die Sonne allzu stark brennt, spendet das Steinfelder Holz Schatten. Der dichte Mischwald ist eine schöne Abwechslung, die man gleich hinter dem Naturdenkmal „Röhrbergeiche" erreicht.

Walter Kempowski hat sich wirklich einen wunderschönen Platz zum Schreiben und Leben ausgesucht. Inmitten dieser Idylle hat er sein Eigenheim selbst gebaut – und das gehört auf dieser Route natürlich auf die Liste der Sehenswürdigkeiten.

Kempowskis Haus

Das „Haus Kreienhoop" ist heute eine Stiftung und immer noch das Zuhause von Hildegard Kempowski. Wenn sie oder Mitarbeiter der Stiftung anwesend sind, kann das Haus besichtigt werden – es lohnt sich auf jeden Fall, einfach auf gut Glück zu klingeln. Die Hausherrin führt gerne durch diesen imposanten, liebevoll gestalteten Bau und kann über ihren verstorbenen Ehemann natürlich wunderbar viel erzählen. Etwa, dass er tiefgläubig, aber kein Kirchenmensch war, trotzdem aber sein Haus wie einen Kreuzgang errichten lassen hat. Jeden Winkel, jeden Raum hat er selbst geplant – immer mit Panorama raus in die Natur.

Kaffee und Kuchen im „Melkhus"

Von hier aus sind es dann nur noch wenige Minuten zurück zum Ausgangspunkt, wo im „Melkhus" Kaffee und Kuchen die Wanderer erwarten – und zum Wiederkehren einladen, denn wer Nartum besucht hat, der kann nachvollziehen, wieso Kempowski diesen Ort jahrelang zu seiner Heimat gemacht hat.

Von Dorum nach Cuxhaven radeln

Wer den Gegenwind nicht scheut, ist auf dem Weser-Radweg entlang der Wurster Nordseeküste genau richtig. Denn auch wenn an der Nordsee mitunter eine steife Brise weht, gibt es zwischen Dorum und Cuxhaven einiges zu sehen.

Ein Tag an der Nordsee ist für viele ja schon an sich ein kleiner Kurzurlaub, darum verspricht diese Strecke, die in Dorum beginnt, von Anfang an Entspannung.

Oben auf dem Deich wird man gleich von Dorums Wahrzeichen begrüßt: einem Leuchtturm, der auf den ersten Blick gar nicht nach einem Leuchtturm aussieht, der in Schwarz-Grau aber auch richtig schick ist! Für die eigentliche Tour empfiehlt es sich aber, wieder hinter den Deich zu fahren – da sind die Wege unbeschwerlicher.

Die Strecke ist vielseitiger, als bei einem Weg entlang des Deichs vielleicht zu erwarten ist. Man kommt durch den Wernerwald und vorbei an den Cuxhavener Küstenheiden. Aber natürlich fehlt auch das erwartete Küstenflair nicht. Die Gelassenheit stellt sich hier quasi automatisch ein. Es ist ruhig, die Luft riecht nach Meer und nach Wäldern – und die knapp 15 Kilometer bis Cuxhaven sind viel schneller vorbei, als so manchem Radler recht ist.

Eindrücke aus Dorum

Feines Schlösschen Ritzebüttel

In Cuxhaven angekommen, sollte man ruhig noch einen Abstecher zum Schloss Ritzebüttel machen – ein wunderbarer Ausflugstipp für alle, die einmal ein wirklich schönes kleines Schloss sehen wollen. Mitten in der Innenstadt liegt Ritzebüttel, umgeben von einem hübschen Park. Eine Besichtigung ist bis auf freitags täglich möglich, Infos dazu gibt es auf der Seite des Schlossvereins.

Mit dem Zug zurück nach Dorum

Einen Katzensprung entfernt vom Schloss liegt auch der Bahnhof von Cuxhaven. Von hier kann man mit der Bahn zurück nach Dorum fahren, was sich besonders an Tagen mit viel Gegenwind anbietet. 30 Minuten dauert die Fahrt zurück nach Dorum – und vom Bahnhof aus sind es dann auch immer noch sechs Kilometer zum Deich zurück.

Waffeln mit heißen Kirschen zur Belohnung

Wer sich zum Abschluss eine kleine Belohnung gönnen möchte, der sollte „De Koffiestuv" besuchen – ein richtig schönes Café im alten Landhausstil. Hier gibt es köstliche Waffeln mit heißen Kirschen, aber auch Deftiges und selbstverständlich Getränke zur Erfrischung.

Das Hohe Moor

Im Winter haben Ausflüge zugegebenermaßen nicht gerade Hochsaison. Doch dick eingepackt und mit gutem Schuhwerk lässt sich auch in der kalten Jahreszeit der Reiz der Region entdecken, zum Beispiel im Hohen Moor zwischen Bremervörde und Stade. Am besten den Fotoapparat nicht vergessen – es lassen sich herrlich winterliche Motive einfangen.

Ein paar Hundert Meter entfernt vom Startpunkt dieser Wanderung liegt an der Bundesstraße die Gaststätte „Zum Elmer See". Die Betreiberin Heidi Wagner ist in diesem Haus geboren und mit dem Hohen Moor eng verbunden – schließlich liegt es direkt vor ihrer Haustür. Und das lockt zu jeder Jahreszeit zahlreiche Besucher, allerdings eher am Wochenende. Wer sich unter der Woche aufmachen kann, trifft auf seiner Wanderung möglicherweise keine Menschenseele.

Der Weg führt zu Beginn immer geradeaus, meist geht es über Rasen, an einigen Stellen kann es aber wirklich matschig sein. Doch das fällt kaum ins Gewicht, denn der Blick aufs Moor ist unglaublich schön. Links und rechts stehen die Flächen im Winter unter Wasser, einzelne Baumstümpfe ragen daraus heraus. Eine wahrhaft malerische Landschaft, für die man unbedingt seine Kamera mitbringen sollte. Tolle Motive finden sich auf jeden Fall reichlich.

Gute Gelegenheit für Vogelbeobachter

Zwischen 2001 und 2006 wurde das Moor renaturiert, seither kann man hier wieder vermehrt Kraniche, aber auch andere Vögel beobachten. Auf den Tafeln am Wegesrand finden sich Informationen zur Vogelwelt, über 60 verschiedene Vogelarten brüten im Hohen Moor. Wer sich für Vögel interessiert, sollte also vielleicht auch einmal im Sommer kommen und dann ein Fernglas dabei haben.

Wunderbare Ruhe

Auffällig ist, besonders wenn man ganz alleine unterwegs ist, wie ruhig es im Moor ist. Die Bundesstraße ist hier gar nicht mehr zu hören.

Nach knapp zwei Kilometern lädt eine erste Bank zur Rast. Der Weg führt rechts entlang bis zur nächsten Wandertafel und vorbei am Oldendorfer See. Früher konnte man hier auch baden, doch das ist jetzt nicht mehr möglich – und bei einem Ausflug im Winter ja ohnehin nicht sehr reizvoll. Allerdings hat wirklich jede Jahreszeit hier ihren Charme, ein Besuch lohnt sich nicht nur einmal.

Von der zweiten Wandertafel führt der Rundwanderweg weiter. Er ist auf der zweiten Hälfte jedoch sehr zugewachsen, sodass dieser Teil eher etwas abenteuerlich ist. Einfacher ist es, wieder umzudrehen und noch mehr Details in der wunderschönen Landschaft zu entdecken.

Aber ob man nun weiterläuft oder umkehrt: Am Ende kommt man zum Glück wieder bei Heidi Wagner an. Sie hat jeden Tag geöffnet und bietet Hausmannskost und (warme) Getränke an. Und das ist nach einer eisigen Winterwanderung dann genau der richtige Abschluss.

A 1

L 873

K 245

Visbek

Mühlentour in Visbek

*Die Mühlentour in Visbek führt durch den Landkreis Vechta –
und bietet auf rund 17 Kilometern drei schöne Mühlen mit tollen
Bade- und Einkehrmöglichkeiten.*

Mit dem Fahrrad im Kofferraum oder auf dem Autodach geht
es nach Visbek, zum Rathaus. Alternativ ist auch eine Anreise
mit der Bahn möglich, allerdings nur ins gut sechs Kilometer
entfernte Rechterfeld. Am Visbeker Rathaus befinden sich
ausreichend Parkplätze und die erste Station, die Hubertusmühle mit einem schönen Naturteich, ist nur knapp fünf
Minuten entfernt.

Die Mühle ist ganz einfach zu finden, an jeder Abbiegung
weisen kleine Schilder den Weg. Wer der Ausschilderung folgt,
kann sich eigentlich nicht verirren.

Der See an der Hubertusmühle ist tatsächlich wie aus einen
Bilderbuch – und im Sommer ein beliebtes Ausflugsziel zum
Baden. Dann gibt es hier auch eine kleine Badeinsel, auf der
sich die Besucher und die Gäste der Wassermühle, die heute
eine kleine Pension ist, sonnen können.

Gemütlich über Schotter und Asphalt zur Bullmühle

Die Bullmühle drei Kilometer weiter ist komplett restauriert
und wird als Café und Restaurant betrieben. Die Gäste sitzen
hier in schönem Ambiente und bei gutem Wetter auch unter
den alten Bäumen um die Mühle herum.

Das Café und Restaurant „Bullmühle"
mit historischem Ambiente und Seeblick auf der Terrasse

Aber nicht nur diese Kulisse ist sehenswert, auch die Fahrradwege zwischen den Mühlen sind einfach toll. Sie führen sehr idyllisch durch die Wälder – zwischendurch über ein bisschen Schotter oder ein wenig Asphalt. So lässt sich wirklich sehr entspannt fahren – und man kann die Pausen gut so annehmen, wie sie am Weg liegen. Wer dennoch zwischendurch rasten oder einfach einen Moment die Natur genießen möchte, findet am Wegesrand immer wieder Bänke für kleine Pausen. Sehenswert ist unterwegs auch der Seerosenteich, ein idyllischer kleiner Teich, der ganz ohne menschliches Einwirken entstanden sein soll.

Einkehren in der Neumühle

Wer langsam Hunger bekommt, für den bietet sich eine Rast in der Neumühle an. Die Terrasse liegt direkt am Stausee. Auch drinnen ist die Mühle mit alten Wasserrädern sehr liebevoll eingerichtet. In der Mühle gibt es ein Café und ein Restaurant. Die Kuchen und auch das Eis sind selbstgemacht und Chefkoch Dirk Korfhage ist für seine gute Küche bekannt.

Zurück nach Visbek sind es von der Neumühle aus nur noch fünf Kilometer. Der Weg führt durch weite Felder – zurück in die Ortsmitte. Hier ist der Weg zwar nicht ausgeschildert, allerdings bietet der Visbeker Kirchturm einen guten Orientierungspunkt. So ist der Ausgangspunkt der sehr schönen Fahrradtour in der Ortsmitte problemlos zu finden.

Wassernahes Wandern am Vörder See und an der Oste

Bei dieser Wanderung werden nicht nur die Füße beansprucht, beim Ausflug nach Bremervörde und umzu kommen alle Sinne zum Einsatz. In der „Welt der Sinne" gibt es nämlich einen ganz besonderen Pfad. Außerdem gibt es viel schöne Natur zu sehen und am Ende natürlich auch eine Belohnung für die Geschmacksknospen.

Startpunkt der Wanderung ist der Vörder See oder, genauer gesagt, der Parkplatz beim „Riesen-Ei" des Künstlers Armin Kölbli. Von dort aus führt der Weg gleich am „Haus am See" vorbei, das man sich auf jeden Fall merken kann: Hier gibt es Kuchen, Kaffee und warme Küche – und das ist doch ein guter Zielpunkt für diesen Rundgang.

Direkt neben dem „Haus am See" geht es zur „Welt der Sinne", einem Erlebnispark, in dem die Sinne geschärft werden – zum Beispiel mit einem Außenparcours, über den man blind und barfuß läuft. Gut für die Durchblutung ist auch der „Welt der Sinne-Pfad". Für die weitere Tour entlang des Nordpfads heißt es aber: Schuhe an.

Vörder See und Freesenburgsmoor

Dieser „Pfad" führt vorbei am Vörder See und hinein ins Fresenburgsmoor. Und das verspricht Natur pur: weite Moorwiesen, kleine Wäldchen und viele, viele Vögel!

Meist ist hier schon einiges los, mit etwas Glück kann man aber auch ganz für sich sein, besonders wenn man nicht an den Wochenenden kommt.

Wenn das kleine Wäldchen durchquert ist, beginnt ein Wohngebiet in Nieder Ochtenhausen. Verlaufen kann man sich hier eigentlich nicht – der Nordpfad ist an Baumstämmen mit Hinweisschildern markiert, die eine sehr gute Orientierung bieten.

Rückweg Ostedeich

Auf dem Ostedeich geht es dann schon wieder zurück. Schön windstill ist es hier, weil man hinter dem Deich entlangwandert. Rechts noch das Moor im Blick, schlängelt sich der Weg immer an der Oste entlang.

Hier gibt es zwei Möglichkeiten: Entweder folgt man dem Vörder See zurück zum Ausgangspunkt oder man verlängert den Weg noch bis in den Landeswald Vorwerk. Die Strecke ist sehr reizvoll und bietet mit einer Aussichtsplattform am Waldrand zudem einen wunderbaren Blick in die Ferne. Allerdings ist dieser „Abstecher" auch als eigener Ausflug geeignet.

Wem 17 Kilometer für einen Tag reichen, der erreicht am Vörder See dann endlich auch das „Haus am See" und kann sich hier belohnen: Draußen kann man sehr schön sitzen und auf den See schauen, die Füße hochlegen und den Kuchen genießen.

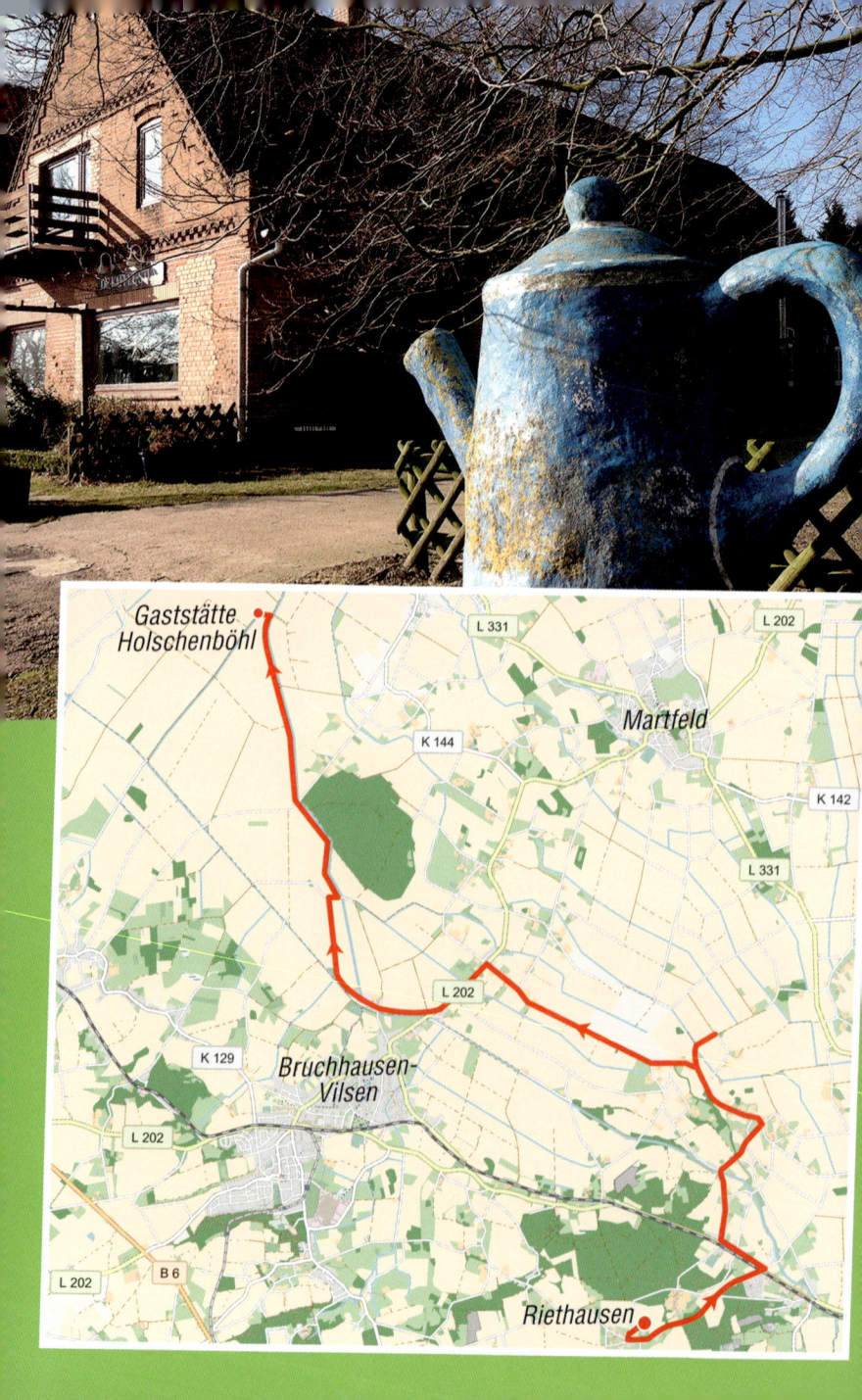

Mit dem Fahrrad von Riethausen nach Emtinghausen

Auf der rund 17 Kilometer langen Fahrradtour locken interessante Entdeckungen – und gleich zum Start ein leckerer Kuchen aus regionalen Zutaten.

Erst die Arbeit, dann das Vergnügen? Diese Tour kann direkt mit einem sehr schmackhaften Vergnügen beginnen, nämlich mit einem stärkenden Kuchen in der „Kaffeestuv" von Erika Rotermund in Riethausen. Die Betreiberin hat ein altes Bauernhaus zu einem Café umgebaut. Acht verschiedene Kuchen zaubert sie hier jedes Wochenende aus ihrem Ofen. Sie backt sie alle selbst und verwendet dabei nur heimische Zutaten. Aus der Region bezieht sie beispielsweise die Asendorfer Butter von einer kleinen Molkerei. Die Himbeeren werden vor Ort für sie angebaut. Von Anfang an wurde ihre Stuv sehr gut angenommen, sagt Rotermund. Und so gibt es das Café schon mehr als 15 Jahre. Die knapp zwei Meter hohe blaue Kaffeekanne draußen am Eingang ist inzwischen ihr Markenzeichen und erleichtert Ortsunkundigen die Orientierung.

Geografische Mitte Niedersachsens

Aber ob nun gestärkt oder nicht: Hier an der „Kaffeestuv" geht diese Fahrradtour los und führt über die Dorfstraße nach Hoyerhagen. Unterwegs stößt man auf einen interessanten Stein, der „die Mitte Niedersachsens" ausweist. Eine Bank lädt

Von der geografischen Mitte Niedersachsens geht es an der Eiter entlang zur Gaststätte „Holschenböhl"

daneben zum Sitzen ein, außerdem informiert ein Schild, dass hier die geografische Mitte des Bundeslandes Niedersachsen liegt. Für eine Fernsehsendung wurde das einmal tatsächlich ausgemessen. Der Ort ist auch bei den Anwohnern beliebt, die hiesigen Frauen treffen sich hier einmal im Jahr in fröhlicher Runde zum Frühstücken und Plaudern.

Von der Mitte Niedersachsens aus geht es weiter Richtung Emtinghausen. Dabei folgt der Weg dem Kanal und ist deshalb ganz pragmatisch „Am Kanal" benannt.

An der Landstraße 202 angekommen, muss diese bei Kleinborstel einmal überquert werden, ehe es bis zum Ende der Tour entlang des kleinen Flusses Eiter geht. Die Strecke ist bei Radfahrern sehr beliebt, unterwegs gibt es immer wieder etwas zu entdecken. Beispielsweise lassen sich an und auf der Eiter mitunter Fischreiher und Schwäne beobachten.

Oase in der freien Natur

Zwischen Wiesen und Feldern liegt, ganz unscheinbar am Fluss der Eiter, kurz vor dem Ort Bahlum die Gaststätte „Holschenböhl", das Ziel der Radtour. Das Lokal hat einen sehr großen Wintergarten und eine großzügige Terrasse – mitten im Nirgendwo. Doch genau das reizt Wirtin Irmgard Riechers. Weit und breit gibt es keine andere Bebauung, so wirkt das Gehöft wie eine Oase. Und eine Einkehr lohnt sich auch dann, wenn man bereits ein Stück Kuchen hatte.

Gut gestärkt geht es anschließend auf dem gleichen Weg zurück nach Riethausen. Wer lieber ein bisschen Abwechslung möchte, kann auf dem Rückweg aber auch über Uenzen fahren. Alle Wege sind hier sehr gut ausgeschildert.

Von Bremerhaven in die Natur wandern

Aus der Innenstadt direkt in die Natur mit ganz viel Ruhe: In Bremerhaven geht das, denn in nur wenigen Minuten ist man an der Geeste und auf dem Geeste-Wanderweg. Eine perfekte Möglichkeit zum Abschalten – nicht nur für die Bremerhavener.

An der Villa Seebeck ist man noch in der Bremerhavener City – und gleichzeitig direkt am Wasser. Einmal über die Straße, dann beginnt der Kiesweg, der an der Geeste entlangführt.

Der Weg ist bei den Bremerhavenern sehr beliebt und man trifft hier zu jeder Jahres- oder Tageszeit Spaziergänger, Gassi-Geher und Radfahrer. Viele nutzen bei gutem Wetter auch die Mittagspause, um hier einen Moment zu entspannen. Dennoch ist es nicht unangenehm voll.

Stadtnahe Wildnis

Möwen und Libellen fliegen übers Wasser, Entenfamilien schwimmen vorüber – das ist so stadtnah nicht unbedingt selbstverständlich. Aber tatsächlich kann man hier mit etwas Ruhe wunderbar die Vögel beobachten, die immer irgendeine Art von Schauspiel liefern.

Vorbei geht es am Rickmerskran, einem Überrest der einst glorreichen Rickmers-Werft, durch das Kapitänsviertel mit seinen bunten Häuschen. Hier muss man einmal kurz zurück in die Stadtwelt: Über die stark befahrene Stresemannstraße geht es auf der anderen Seite weiter entlang der Geeste.

Aber hier ist schnell wieder Ruhe. Der Weg bietet auch mal schattige Plätze durch viele Bäume, die sich am Fluss aufreihen. Kleine Boote liegen vor Anker und an einigen Stellen kann man über Holzstege sogar ins Wasser gehen.

Das Geeste-Ufer ist aber auch perfekt für Angler – viele haben sich mit großer Ausrüstung fast schon häuslich eingerichtet. Zu angeln gibt es hier Rotaugen, Güstern, Brassen und Aland.

Lauschig im Biergarten pausieren

Nach weiteren vier Kilometern entlang der Geeste erreicht man die Schiffdorfer Stauschleuse mit dem gleichnamigen Biergarten im ehemaligen Schleusenwärterhaus. Im hübschen Außenbereich mit Schatten- und Sonnenplätzen hat man einen herrlichen Blick aufs Wasser. Auf dem Grill liegen Würstchen und es gibt Matjesbrötchen, Gastwirt Stefan empfiehlt dazu das „Engel-Bier".

So gestärkt geht es auf demselben Weg zurück. Pro Strecke sind es etwa sieben Kilometer. Gerade im Sommer sollte man sich hier Zeit lassen, denn dann ist es besonders angenehm, einfach mal die Füße in die Geeste zu halten oder auf einer der hölzernen Liegebänke zu entspannen ... Und in den städtischen Trubel kommt man ohnehin schnell genug zurück – immerhin ist der nur ein Katzensprung entfernt.

Die Glücksklee-Tour

Ein vierblättriges Kleeblatt bringt Glück – und die „Kleeblatt-Route" rund um Ganderkesee macht glücklich: Die vier Gemeinden, die mit dem Rad angesteuert werden, fächern sich (mit etwas Fantasie) wie ein Kleeblatt vom Startpunkt aus auf.

Startpunkt dieser „Kleeblatt-Route" ist das „Gasthaus Backenköhler" in Stenum. Hier kann man kostenlos parken – und das ist sehr praktisch weil die Rundtour hier auch wieder endet.

Zuerst einmal geht es in Richtung des Naturschutzgebiets Hasbruch, die Radwege sind hier gut befestigt und angenehm befahrbar. Am Hasbruch vorbei führt die Route nach Kühlingen.

Wer hier schon eine Pause braucht oder einfach nur in ganz entspannter Atmosphäre einen Milchshake oder eine Suppe (besser: ein Stück selbstgebackenen Kuchen – den gibt es immer!) genießen möchte, sollte im „Melkhus" an der Kühlinger Straße einkehren. Mit Schafen, Ziegen und Kaninchen ist der Stopp auch ein kleines Kinder-Paradies.

Großsteingräber aus der Neusteinzeit

Ob mit Zwischenstopp oder nicht, von Kühlingen geht es weiter nach Falkenburg. Dahinter fährt man direkt auf Steinkimmen zu. Und hier ist ein Stück Geschichte quasi in Stein „gemei-

ßelt": Die Großsteingräber stammen aus der Neusteinzeit und sind Relikte des Übergangs vom Dasein der Menschen als Jäger und Sammler bis hin zur Sesshaftigkeit. Unscheinbar und eher chaotisch liegen sie zwischen der Bergedorfer Landstraße und einem Feld.

Besonders viel weiß man über diese Grabstelle nicht, sie gehört aber zur „Straße der Megalithkultur" – einer Radroute, die von Osnabrück bis nach Oldenburg führt. Hier gibt es noch mehr Steingräber, von denen einige genauer erforscht sind. Über die Gräber in Steinkimmen ist lediglich bekannt, dass sie nicht nur einer Familie als Ruhestätte dienten, sondern es sich um Kollektivgräber handelt – die gesamte Dorfgemeinschaft wurde dort bestattet. Auf jeden Fall ist es beeindruckend, vor so alten Zeugnissen der Menschheit zu stehen.

Orgelklänge wie vor 300 Jahren

Als nächstes führt die Kleeblatt-Route durch Bergedorf,
Immer und Hengsterholz. Die
Strecke ist schön, aber dieser
Abschnitt ist auch ganz schön
lang. Schließlich erreicht man
aber die Innenstadt von
Ganderkesee. Hier sollte man
unbedingt einen Stopp
einlegen und die St. Cyprian-
und Cornelius-Kirche
anschauen. Sie ist besonders
bekannt für ihre Arp-Schnitger-Orgel mit
über 1.000 Pfeifen – ein „gutes altes Schätzchen", weil sie
Geschichte hörbar macht, sagt Torsten Ahlrichs, der Organist
und Kantor in der Kirche.

   Und tatsächlich ist das Besondere an der Arp-Schnitger-Orgel
in Ganderkesee, dass sie über die Jahrhunderte kaum verändert
wurde. Damit erzeugt das alte Instrument einen Klang, wie er
auch schon vor 300 Jahren zu hören war.

Eine Radtour, die glücklich macht

Von Ganderkesee aus sind es nur noch knapp sechs Kilometer
zurück zum Ausgangspunkt nach Stenum. Insgesamt umfasst
diese Tour 48 Kilometer. Und durch die Wildeshauser Geest zu
fahren, ist schon schön, aber dabei auch noch ein bisschen
Geschichte schnuppern – noch schöner. Eine echte Glücks-Tour
eben.

Spurensuche in Heiligenberg

In Heiligenberg, etwa zwei Kilometer südlich von Bruchhausen-Vilsen, soll im Mittelalter eine Burg gestanden haben. Archäologisch erforscht ist das Gebiet zwar nicht, beeindruckend ist die Landschaft aber allemal.

Die Wanderung beginnt an der künstlich angelegten Kneippanlage. Dort können die Hosenbeine hochgekrempelt und nach Kneipp das Wasser getreten werden. Hinterher wird das Wasser nur abgestreift und nicht abgetrocknet. Die Anlage ist öffentlich zugänglich und liegt direkt neben der Klostermühle, einem beliebten Ausflugslokal am Heiligenberg.

Gästeführer Hans Jürgen Wachholz ist oft hier. Nach Anmeldung bringt er Interessierten die Gegend fachkundig näher.

Trampelpfade, Hügelgräber und ein schöner Ausblick

Von der Kneippanlage aus geht es unterhalb des Walls auf einer Art Trampelpfad weiter. Es ist der größte Anstieg auf dieser Wanderung, die Erhebung liegt auf 30 Metern. Oben angekommen gibt es alte Hügelgräber zu sehen und es bietet sich eine malerische Aussicht auf alte Bauernhäuser im Tal. Auch Rudi Carrell soll hier früher regelmäßig gewesen sein. Er wohnte in Wachendorf und soll sich häufig in der Klostermühle und dem Forsthaus Heiligenberg erholt haben.

Auf schmalen Trampelpfaden geht es durch den Wald

Weiter führt der Ausflug durch Buchenwälder. Die Wege sind so schmal, dass nur hintereinander gelaufen werden kann. In dem vorbeiplätschernden Bach ist das Wasser so klar, dass Bekannte von Wachholz nur hier ihr Trinkwasser holen und darauf ihre gute Gesundheit und ihr hohes Alter zurückführen.

Früher, so heißt es, soll in diesem Gebiet eine Burg gestanden haben. Allerdings ist über die reine Sage hinaus davon nichts bekannt, eine archäologische Erschließung des Gebiets bisher weder geschehen noch vorgesehen.

Am Ende der Route liegt das alte Forsthaus, das noch aus dem Mittelalter erhalten ist und mittlerweile für Touristen zum Hotel mit Restaurant umgebaut wurde. Die Umgebung des Hotels bietet eine interessante Landschaft und schöne Fachwerkhäuser – eine Kombination von Neuem und Traditionellem.

Einkehr in der historischen Klostermühle

Nach knapp zwei Stunden ist der Ausgangspunkt, die Klostermühle, wieder erreicht. Das Mahlwerk ist mittlerweile stillgelegt – heute ist die alte Mühle ein Hotel mit Restaurantbetrieb. Im 2016 renovierten Haus legt man großen Wert auf heimelige Atmosphäre und in der Küche vor allem auf regionale Speisen. Im Sommer bietet die neue Caféterrasse einen Blick auf den Mühlenteich und in die gerade erwanderte Natur.

Die renovierte Klostermühle beherbergt heute neben einem Restaurant auch einen Hotelbetrieb

Das alte Mühlrad

Mit der Draisine durch die „Westersteder Prärie"

Aufsatteln und im Schritttempo durch die Prärie radeln; das Lenken übernehmen die Schienen: So entspannt ist ein Ausflug mit der Draisine von Westerstede nach Ocholt und zurück. Start und Ziel ist der Draisinen-Bahnhof auf dem Gelände einer Westersteder Baumschule. Die Draisine wird aus dem überdachten Carport ausgeparkt und abfahrbereit aufs Gleisbett gestellt. Von hier aus geht die Fahrt auf dem knapp anderthalb Quadratmeter großen Gefährt los. Es bietet Platz für vier Personen. Wer links oder rechts auf dem Sattel sitzt, tritt in die Pedale und fährt auf den Schienen quasi Fahrrad, denn die vier Metallräder der Draisine laufen auf der Schiene. Wer in der Mitte auf der Bank sitzt, lässt sich kutschieren und kann die Füße auf einem Metallboden abstellen.

Möglich ist dieser besondere Ausflug über sieben Kilometer seit 2006. Die Stadt Westerstede hat die Bahnstrecke von Westerstede nach Ocholt 2005 gekauft und aufbereitet, nun lädt sie dazu ein, die Umgebung der stillgelegten Strecke per Draisine zu erkunden.

Im Schritttempo durch die „Prärie"

Für die Fahrt gibt es vorab ein Zeitfenster von jeweils zwei Stunden, einmal in Richtung Ocholt und einmal in Richtung Westerstede. Dieses Zeitfenster muss unbedingt eingehalten werden, denn die Strecke ist nur eingleisig befahrbar.

Geprüft – und für gut befunden!
Ariane Wirth auf der Draisine

Das Treten ist relativ leicht und man muss sich nicht auf den Weg konzentrieren – das machen die Schienen. So kann jeder sich in Ruhe umschauen und die Natur genießen. Denn der Weg führt durch Wiesen und Felder, vorbei an Bauernhöfen.

Alles läuft ein bisschen schneller als Schritttempo. Eine Gangschaltung hat so eine Draisine nicht. Teilweise müssen Straßen überquert werden, die aber nicht viel befahren sind. An einigen Stellen muss man dafür dennoch absteigen und eine Schranke hochklappen.

Nach vier Kilometern erreicht man den Haltepunkt „Käsehof Kreke". Hier bietet sich eine Rast an, die Draisine nimmt man dafür von den Schienen, damit andere vorbeifahren können, eine Überholspur gibt es nämlich nicht.

Stärken mit Käse oder Kuchen

Auf dem Hof gibt es nicht nur Käse zu schnuppern, sondern auch Kleinigkeiten zu kaufen und vor allem Kuchen zu essen.

So gestärkt kann die Draisine wieder auf die Schiene und nach weiteren drei Kilometern erreicht man den Zielbahnhof Ocholt. Weiter geht es mit der Draisine nicht.

Wer Proviant dabei hat, kann hier picknicken, entweder einfach auf dem Rasen oder im überdachten Wartehäuschen, in dem es Holztische und Bänke gibt. Wer sich nicht selbst verpflegen kann oder die verbleibende Zeit bis zum „Richtungswechsel" auf der Schiene noch für weitere Entdeckungen nutzen möchte, kann „seine" Draisine aber auch abstellen und fünf Minuten ins kleine Örtchen Ocholt laufen – zum Beispiel zum Café „Dörps Kroog". Hier bieten leckerer Käsekuchen, Apfelkuchen oder Pflaumenkuchen eine kleine Stärkung für die Rückfahrt nach Westerstede.

Die geht auf gleichem Wege über sieben Kilometer zurück – und ist genauso entspannt wie die Hinfahrt.

Die Fahrt kann über die Touristik-Abteilung Westerstede gebucht werden und wer will, kann auch Kaffee und Kuchen gleich dazu bestellen. Auf jeden Fall ist es ein sehr ungewöhnlicher, aber unbedingt lohnender Ausflug!

Wandern auf den Nordpfaden

Wer beim „Wandern" nur an hohe Berge denkt, der kann sich auf diesem Ausflug eines Besseren belehren lassen – und eine typisch norddeutsche Wanderung durch Wälder, Heideflächen, Wiesen, Felder und Moore unternehmen.

Im Landkreis Rotenburg laden die Nordpfade dazu ein, auf Schusters Rappen die Umgebung zu erkunden. Einer davon ist die Wanderung „Dör't Moor" (durchs Moor), die am Parkplatz des Großen Bullensees, einem von Tannenwald umgebenen naturbelassenen Moorsee, in Rotenburg beginnt.

Pfeile weisen den Rundweg

Vom Parkplatz aus, der wirklich sehr viel Platz bietet, geht es los. Die Rundtour ist mit orangen Pfeilen an den Bäumen gut ausgeschildert. Erst wird der große Bullensee ein kleines Stück umrundet, dann geht es rein ins Moor. Der Boden wird weicher, denn er ist mit kleinen Holzhäckseln bedeckt. Nach einem Kilometer erreicht man einen Aussichtsturm.

Mit etwas Zeit sind von hier durchaus Rehe oder auch Greifvögel zu entdecken. Außerdem ist hier auf einem Hochtisch eine Art Gästebuch befestigt. „Für Ihre Mitteilungen und Beobachtungen" steht auf dem kleinen blauen Büchlein, das schon sehr vollgeschrieben ist. Ein Blick hinein verrät, dass die Besucher hier zum Teil von weit weg kommen – und zum Beispiel „die wunderbar erlebnisreiche Wanderung um den Großen Bullensee" loben, wie eine Dame aus der Schweiz

Vom Großen Bullensee geht es ins Moor

schreibt. Ihr abschließendes Urteil lautet: „Fast so schön wie in der Schweiz." Wenn das nicht der Beweis ist, dass Wanderungen auch bei uns im Norden absolut lohnend sind!

Rehe, Greifvögel und tolle Natur

Tatsächlich bietet sich nicht nur vom Aussichtsturm ein toller Blick. Auf der Wanderung durch die Moor- und Wiesenlandschaft gibt es einiges zu entdecken und immer wieder sehr schöne Natur.

Auf dem Butterweg geht es bei der kleinen Moorrunde zurück. Der schmale Weg durch einen Wald trägt seinen Namen, weil früher viele Moorbauern ihn benutzt haben, wenn sie ihre Butter in Rotenburg verkaufen wollten.

Aussichtsturm mit
Gästebuch für die
Nordpfad-Besucher

Nach knapp drei Stunden ist zuerst der kleine Bullensee erreicht, danach auch wieder der große Bullensee. Im Sommer bietet dieser zum Abschluss der Wanderung eine wunderbare Abkühlungsmöglichkeit – also am besten nicht nur die Wanderschuhe, sondern auch Badezeug mitnehmen!

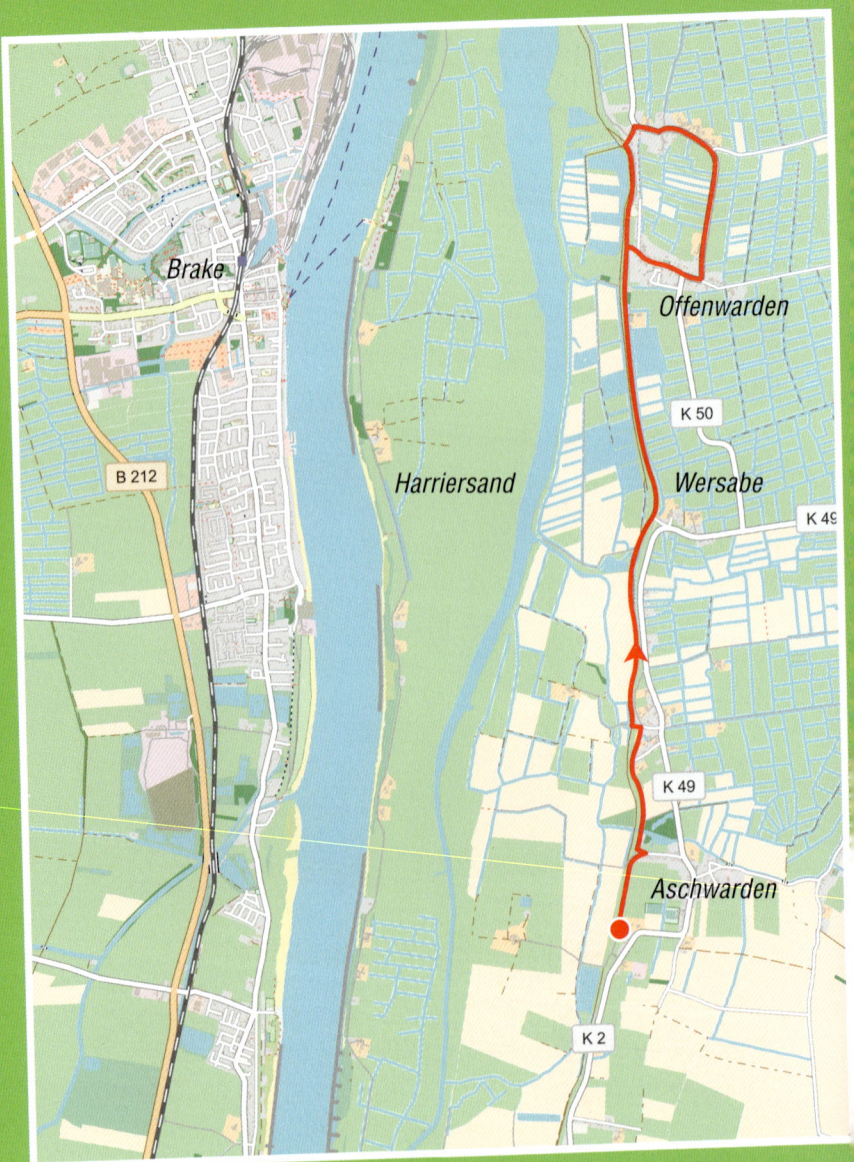

Von Aschwarden nach Offenwarden radeln

Auf der Suche nach den schönsten Ausflugszielen oder Wegen der Region empfiehlt sich auch eine Radtour von Aschwarden nach Offenwarden – immer auf dem Deich entlang und manchmal hart am Wind ...

Die Tour beginnt an der Windmühle in Aschwarden. Die Mühle ist noch in Betrieb und da sie direkt am Deich steht, dient sie auch als Landmarke für die Schifffahrt auf der Unterweser. Sonntags gibt es im Mühlencafé Kaffee und leckeren Kuchen. Wer sich vor der Abfahrt also noch einmal stärken möchte, sollte sich sonntags auf den Weg machen.

Schafherden auf dem Radweg

Von Aschwarden aus führt der asphaltierte Radweg Richtung Offenwarden immer am Deich entlang. Auf den Wiesen grasen die Schafe und es kann auch schon einmal passieren, dass einem eine ganze Herde vors Fahrrad läuft. Dann steht eben ein kurzer Stopp an, das ist hier ganz normal.

Und wie es sich am Deich gehört, ist es meist windig. Fast immer weht eine durchaus steife Brise. Das sollte vor der Abfahrt berücksichtigt werden, denn mitunter muss man sich dabei ganz schön anstrengen. An einem heißen Sommertag ist der Wind dagegen herrlich erfrischend – Schatten gibt es allerdings kaum.

3.000 Zollstöcke im Café

Immer gegen den Wind zu fahren, macht hungrig. Nach fünf Kilometern bietet sich im 300-Seelen-Dorf Wersabe eine Einkehrmöglichkeit im Café „An'n Diek". Es ist schon vom Fahrradweg aus zu sehen.

Margret Meyer, die Besitzerin, ist außer mittwochs immer für Ausflügler und die Leute aus dem Dorf da. Seit 18 Jahren betreibt Margret Meyer das Café in Wersabe. Im Laden hängen überall Zollstöcke. Das ist die Sammlung ihres Mannes. Vor 18 Jahren begann er mit 25 Stück, heute sind es rund 3.000 Exemplare, die Kunden nach und nach mitgebracht haben.

An den eingedeckten Tischen sitzen überwiegend Tagesausflügler, viele sind aber öfter hier – und wer wiederkommt, darf gerne einen Zollstock mitbringen. Neben Getränken gibt es auch hier leckeren Kuchen. Von Butterkuchen über Apfelweintorte bis zu Wind- oder Mohntorte findet man selbstgemachte Schlemmereien für jeden Geschmack.

Alte Villa in Offenwarden

Von hier aus geht es noch etwa einen Kilometer weiter immer geradeaus bis nach Offenwarden. Die norddeutsche Weite zeigt sich auf dem Weg ganz wunderbar. In Offenwarden selbst lohnt sich ein kleiner Abstecher ins Dorfinnere und zur alten Villa mit dem „Café Salon 1900". Das Haus wurde komplett restauriert und kann an den Wochenenden besichtigt werden.

Von Offenwarden aus geht es auf dem bereits bekannten Weg zurück nach Aschwarden. Und wer auf dem Hinweg nur eine Rast gemacht hat, kann auf dem Rückweg ja vielleicht noch ein zweites Stück Kuchen im anderen Café ausprobieren – es lohnt sich auf jeden Fall!

Insgesamt ist die Tour knapp 15 Kilometer lang und es gibt tolle Möglichkeiten für eine entspannte Pause zwischendurch – perfekt also für einen Wochenendausflug mit dem Rad.

Waldausflug im Hasbruch

Ein Besuch bei „Amalie" und „Friederike" bietet scheinbar unberührte Natur und ein großes Stück Historie – im Hasbruch in Ganderkesee.

Der Weg zu den zwei etwas anderen Zeitzeuginnen ist gar nicht weit. Wer eine der beiden und viele andere uralte Eichen oder Buchen aus nächster Nähe sehen will, kann ganz einfach „Zur dicken Eiche" ins Navi eingeben und schon geht es in den Hasbruch in Ganderkesee. Zwischen Delmenhorst und Oldenburg liegt das große Laubwaldrevier, in dem Bäume wie die Amalieneiche oder die Friederikeneiche bestaunt werden können, die dort bereits bis zu 1.000 Jahre stehen.

Direkt am Wanderparkplatz befindet sich eine Info-Tafel mit Wegeübersicht und einem Rundwanderweg. Der Weg ist mit roten Pfeilen sehr gut ausgeschildert, wer auf dem Pfad bleibt, kann sich nicht verlaufen. Ob man die sieben Kilometer lange Wanderung links oder rechts herum beginnt, ist im Grunde egal – warum also nicht einfach mal nach links?

Kaum losgelaufen, ist die Natur erreicht. Am Wegesrand ragen mehrere Hunderte Jahre alte Eichen und Buchen in den Himmel. Der Wald raschelt und rauscht, Vögel zwitschern und nur die eigenen Schritte auf den schmalen Sand- und Schotterwegen sind zu hören – und immer wieder die anderer Spaziergänger.

Uralter Wald mit reicher Tierwelt

Es sind viele Vögel zu hören und manche auch zu beobachten. Rehe und Wildschweine sind zwar etwas scheuer, aber auch sie leben im Hasbruch und lassen sich mit etwas Glück ebenfalls entdecken.

Der Hasbruch ist ein sehr alter Wald und besteht als solcher seit mehreren Hundert Jahren ohne Unterbrechung. Deshalb gibt es hier eine große Artenvielfalt. Besondere Sehenswürdigkeiten sind auf dem Rundweg ausgeschildert, zum Beispiel die Amalieneiche nach gut einem Drittel der Tour (wenn man links gestartet ist). Sie ist ein echter Besuchermagnet im Hasbruch, obwohl sie seit dem 10. Februar 1982 gar nicht mehr steht. An diesem Tag brach sie im stolzen Alter von 1.250 Jahren zusammen. Bis dahin war sie das Wahrzeichen des Hasbruchs,

Viel Platz für ein Picknick im Grünen

verrät die Info-Tafel – und ist es gewissermaßen noch immer,
denn obgleich sie nun schon mehr als 25 Jahre lang nur noch
als Baumruine existiert, gehört der Gang zur Amalieneiche
zu einem Besuch im Hasbruch einfach dazu.

Jagdhütte aus dem 19. Jahrhundert

Im weiteren Verlauf führt der Rundwanderweg nach knapp der
Hälfte zu einer kleinen alten Hütte. Es ist eine Jagdhütte, die
in früheren Zeiten den Forstleuten bei schlechtem Wetter als
Unterschlupf diente. Auf einer Tafel finden sich einige weitere
Informationen. Schon 1856 wurde die Hütte beantragt und ein
Jahr später gebaut. In der Nachkriegszeit diente sie vier
Familien als Zuhause, dabei wirkt die Hütte von außen kaum
größer als 40 Quadratmeter. Leider ist es nicht möglich hinein-
zuschauen und auch die Info-Tafel bietet keine Fotos, die
Einblick gewähren würden.

Picknick mit Blick auf 1.000-jährige Eiche

Ungefähr zehn Minuten später stößt der Weg auf eine Reihe
alter Baumstämme. Von hier ist die heutige „Königin des
Hasbruch" sehen: die Friederikeneiche. Sie ist die älteste noch
lebende Eiche im Hasbruch und mit einem Alter von 1.000
Jahren ein beeindruckendes Naturmonument. Außerdem bietet
sich einen perfekten Ort zum Picknicken. Überall im Wald
finden sich kleine Plätze zum Picknicken, aber der Baumstumpf
wirkt wie eine Sitzecke, die die Natur extra dafür gemacht hat.

Gestärkt lässt sich auch der restliche Weg durch den schönen
Wald ganz wunderbar genießen. Nach insgesamt rund drei
Stunden gelangt man wieder zum Parkplatz.

Radtour von Bad Zwischenahn nach Leer

Nicht die Tour de France, aber trotzdem eine Radtour mit vielen interessanten Etappen – und vor allem mit sehr viel höherem Erholungswert. Für den gemächlichen Ausflug empfiehlt es sich, einen ganzen Tag einzuplanen.

Im Fahrradwaggon nach Bad Zwischenahn

Los geht es bei diesem Ausflug in Bad Zwischenahn. Da die Route nicht hierher zurück führt, bietet sich eine Anreisen mit der Bahn an. Die meisten Züge haben einen Fahrradwaggon, in dem der Drahtesel problemlos mitgenommen werden kann. Von Bremen aus dauert die Fahrt knapp eine Stunde.

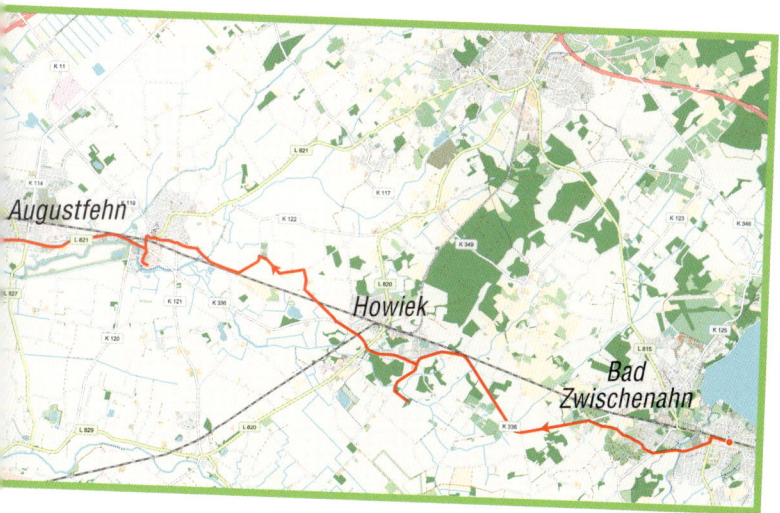

Fast schon Pflichtprogramm ist in Bad Zwischenahn natürlich ein Abstecher ans Zwischenahner Meer. Die herrliche
See-Luft ist besonders nach einer längeren Zugfahrt sehr
erfrischend. Danach geht es weiter: Die grünen Fahrradschilder
Richtung Apen weisen den Weg entlang einer ruhigen Landstraße.

Nach zehn Kilometern bietet das kleine Örtchen Howiek ein
erstes lohnendes Etappenziel: Die alte Wassermühle, das Back-
haus und die Scheune hier sind liebevoll gepflegt und sehr
sehenswert.

Leckeres Essen mit einfachen Zutaten

Zurück an der Landstraße geht es weiter bis nach Apen. Hier liegt das Hotel mit Restaurant „Am Deich". Die große Sonnenterrasse und der riesige Garten liegen direkt hinter einem Kanal und Inhaber Johann Elbers kocht hier richtig „ehrliches" Essen. Gewürzt wird nur mit Pfeffer und Salz, sagt er. Und backen kann er auch, für seine Ostfriesen-Torte ist er weithin bekannt.

Er verfeinert seine Sahnetorte mit geschwefelten und in Rum eingelegten Rosinen. An seinem Rezept habe er zuletzt mit Eiscreme experimentiert – jetzt gebe es auch einen Ostfriesen-Becher, erklärt Elbers.

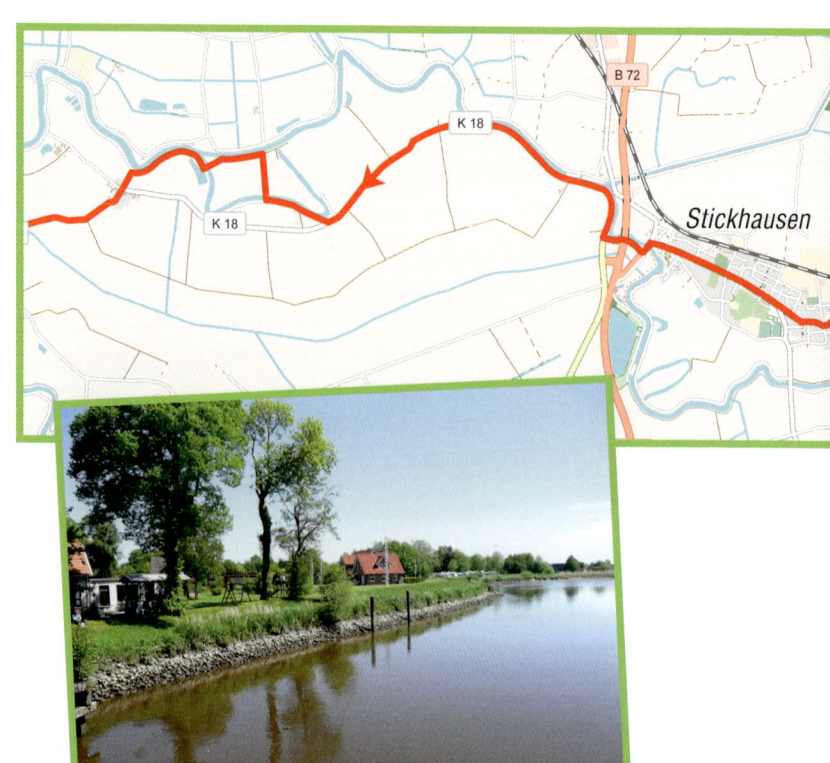

Über die Jümme mit Europas ältester Wagenfähre

Über Detern und Stickhausen sind es noch zwanzig Kilometer bis nach Amdorf. Fernab der Hauptstraße geht es zwischen Wiesen und Feldern entlang der Jümme, so heißt der Fluss hier in der Region. In Amdorf befindet sich ein echtes Highlight der Tour: Europas älteste Wagenfähre. Sie ist fünf Meter lang, drei

Meter breit und besteht aus dunkelbraunem Holz. Auf ihr
wird die an dieser Stelle ziemlich breite Jümme überquert.
Zwei Männer leisten dafür noch richtige Handarbeit.

Die Fährmänner hängen mit ihrer Fähre am Seil und nutzen zum Hinüberziehen eingehängte Klemmhölzer. Das Transportmittel hat in Amdorf eine lange Tradition. Seit 1562 gibt es die Verbindung. Sie wurde damals von Amdorfer und Wiltshausener Landwirten genutzt, die sich mit ihren Kühen, Melkwagen und Treckern mit Heu übersetzen ließen. Heute befördert sie hauptsächlich Fahrradfahrer, die das Altertümliche und die Natur lieben.

Auf der anderen Uferseite angekommen, beginnt die letzte Etappe. Es warten noch sechs Kilometer bis nach Leer. Besonders die Altstadt ist mit ihren wunderbar erhaltenen historischen Gebäuden unbedingt einen Besuch wert.

Von hier geht es mit dem Zug wieder zurück nach Hause.

Ein toller Tagesausflug mit vielen verschiedenen Eindrücken – für die es sich lohnt, sich Zeit zu nehmen!

Der Rathausturm in Leer mit der Alten Waage im Vordergrund

Von Dötlingen aus den Huntepadd entdecken

Auf rund vier Kilometern lädt der ausgeschilderte Huntepadd zu einem schönen Spaziergang entlang der Hunte und rund um Dötlingen ein.

Eine Dreiviertelstunde von Bremen entfernt liegt das 6.000-Seelen-Dorf Dötlingen im Landkreis Oldenburg. Im Ort finden sich viele gut erhaltene alte Fachwerkhäuser. Hier liegt der Ausgangspunkt des Spaziergangs: die Dorfschule Karkbäk in Dötlingen. In der Umgebung der Schule kann gut geparkt werden und von hier aus geht es auch gleich auf den Huntepadd. Er ist mit grünen Schildern ausgewiesen.

Zuerst geht es Richtung Ortsmitte, dann in einen Buchenwald, der bis hinunter zur Hunte reicht. Bei gutem Wetter glitzert die Sonne auf dem Wasser, Kinder toben im Wald. Allerdings entfernt der Huntepadd sich im Folgenden ein wenig vom Wasser und führt, nachdem man die Hunte auf einer Brücke überquert hat, weiter geradeaus über Wiesen und Felder.

Hünengräber aus der Steinzeit

Auf der Hälfte des Weges führt der Pfad an großen Steinen vorbei. Es handelt sich um alte Großsteingräber aus der Jungsteinzeit.

Huntepadd

Im Ortskern
von Dötlingen
befinden sich
die Überreste
der wohl um die
600 Jahre alten
Dorfeiche

Heute lassen sich hier viele Ausflügler gern für eine Rast nieder. Schließlich ermöglicht eine Brücke die erneute Überquerung der Hunte und führt zurück Richtung Dötlingen.

Wunderschöne Fachwerkhäuser

Bei wenigen Pausen dauert die Wanderung bis zurück zum Ausgangspunkt an der Dötlinger Dorfschule gut anderthalb Stunden. Wer sich auf dem Hinweg hier noch nicht genauer umgesehen hat, sollte das spätestens jetzt nachholen: Sie ist umgeben von alten Fachwerkhäusern, die von ihren Besitzern liebevoll gestaltet und gepflegt werden.

Norddeutsch-alpin:
die Bremer Schweiz

Mit dem Fahrrad in die Schweiz – das klingt nach einem großen Projekt und mehreren Wochen? Kein bisschen, denn die Bremer Schweiz liegt direkt vor der Haustür der Hansestadt – und hat für Nordlichter auch schon ausreichend Steigungen zu bieten.

Auf in die Schweiz, heißt es am Fähranleger Vegesack. Hierher kann man mit dem Schiff fahren oder auch gleich mit dem Rad. Auf dem geht es zunächst ein kleines Stück an befahrenen Straßen entlang. Sobald das Schloss Schönebeck erreicht ist, wird es aber ruhiger – und hier beginnen auch schon die ersten Anstiege. Denn die Bremer Schweiz ist im Vergleich zu anderen Radstrecken in Bremen tatsächlich relativ hügelig.

Das Schloss Schönebeck liegt in einem hübschen kleinen Park mit schönen alten Häusern und beherbergt heute das Heimatmuseum Schloss Schönebeck. Allerdings war das Anwesen schon immer ein Landhaus, man sollte also kein prunkvolles Bauwerk erwarten. Das „Schloss" ist trotzdem sehr hübsch und es gibt hier verschiedene Ausstellungen.

Das Schloss Schönebeck

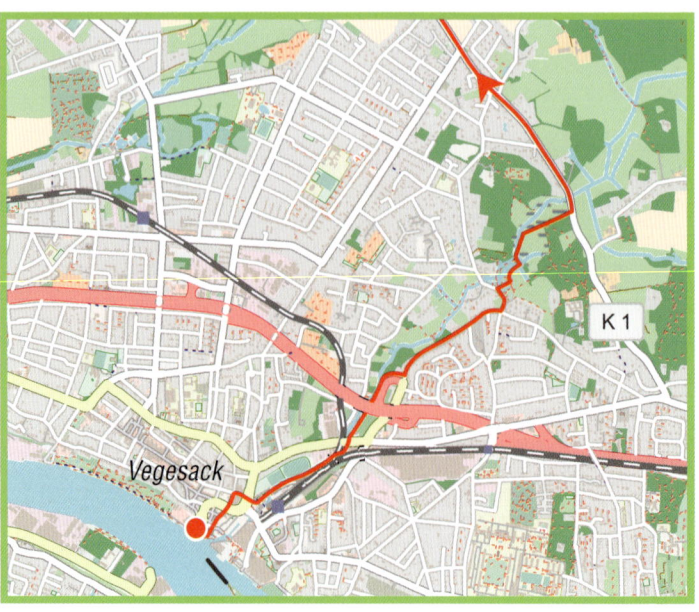

Richtung Schwanewede

Weiter geht es von hier aus Richtung Meyenburg. Dazu folgt
man den Schildern nach Leuchtenburg und Schwanewede. Und
schon in Leuchtenburg gilt: Runterschalten und aushalten ist
die Devise – es geht bergauf. Wer dabei einen kleinen Trost
braucht: Auf dem Rückweg geht es ja auch wieder bergab!

Neben der Hauptstraße Richtung Schwanewede führt ein gut
asphaltierter Radweg entlang. Die Autos stören nicht, es geht
an Feldern und kleinen Bauernhöfen vorbei.

Nach etwa 13 Kilometern gelangt man in einen kleinen Ort, der Kopfsteinpflasterstraßen und wunderschöne alte Häuser hat: Das ist Meyenburg. Die Bauernhäuser sind schon sehr alt und vielfach typische niederdeutsche Hallenhäuser, in denen Tiere und Menschen zusammengelebt haben. Wer mehr über den Ort und seine Historie erfahren möchte, kann sich an Wilhelm Asmus wenden, der im Ort als „Dorfchronist" bekannt ist.

Pause im Café

Wer vor dem Rückweg eine kleine Pause machen möchte, ist hier im „Café am Mühlenteich" genau richtig. Hier tummeln sich zu allen Jahreszeiten Enten, die man bei Kaffee und hausgemachtem Kuchen beobachten kann. Manche Besucher kommen sogar nur wegen der Enten: Vor allem die kleinen Gäste füttern sie mit großem Spaß.

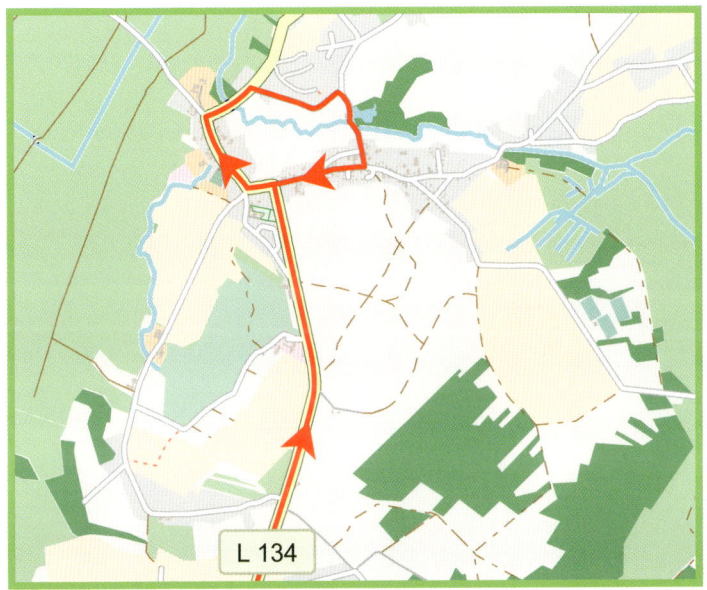

Zurück mit Schwung

Von hier aus kann man nun entweder den gleichen Weg
zurück nehmen oder die Tour noch etwas abwechslungsreicher
gestalten und über Schwanewede fahren. So kommen am Ende
gut 32 Kilometer auf den Tacho. Dabei sollte man die Anstiege
auf keinen Fall unterschätzen, nicht ohne Grund ist es eben
die Bremer Schweiz. Aber auf den Rückweg kann man sich
immer freuen – denn zurück geht es bergab und das macht die
Beine wieder locker.

Dreibergen

K 125

L 825

Zwischenahner Meer

Bad Zwischenahn

L 815

Wandern am Zwischenahner Meer

Auf ans Meer – sozusagen. Für einen Ausflug ans Zwischenahner Meer benötigt man vor allem vernünftiges Schuhwerk, bei gutem Wetter kann man aber auch die Badesachen einpacken.

Wer auf eine entspannte Wanderung hofft, der sollte sich vom Trubel der Einkaufsstraße in Bad Zwischenahn nicht abschrecken lassen: Schon am Startpunkt des Ausflugs im Kurpark am Zwischenahner Meer ist es grün und herrlich ruhig. Man hat einen direkten Blick aufs Wasser und im Skulpturengarten des Kurparks lohnt sich ein Besuch bei den Kunstwerken.

Und wie es sich für ein Meer gehört, gibt es hier auch einen Strand – von dem geht es auf dem Wanderweg allerdings erst einmal weg. Das Ufer des Zwischenahner Meeres kann man schließlich nur noch am Horizont erkennen. Je nach Jahreszeit und Tag ist der Weg hier dann auch wieder etwas belebter: Nordic-Walking-Gruppen, Radfahrer und Spaziergänger teilen sich den Weg, dennoch herrscht eine angenehme und entspannte Stimmung.

Und der Weg selbst bietet große Abwechslung: Von einer Allee geht es, vorbei an hübschen alten Bauernhäusern, in ein Waldstück. An heißen Tagen ist es hier schön schattig, der

Meer-Blick und der Weg zum Wasser sind jedoch durch Häuser und Grundstücke versperrt. Hier befinden sich nämlich zahlreiche Wochenend-Domizile, sodass nur Privatwege ans Ufer führen. Nach ein paar Kilometern kommt aber auch wieder ein frei zugänglicher Steg und man kann den Anblick des Zwischenahner Meers wieder genießen.

Anlaufziel Dreibergen

An dieser Stelle, kurz vor Dreibergen, kann man den Weg
unterschiedlich fortführen. Wer ein Stück des Weges zu Wasser
zurücklegen will, kann am Fähranleger aufs Schiff gehen und
sich zum Ausgangspunkt zurückschippern lassen.

Zu Fuß führt der weitere Weg vorbei am Golf Resort, am
Strandbad und am Park der Gärten. Er schlängelt sich – mal hin,
mal weg vom Wasser – zurück zum Kurpark.

Nach knapp 13 Kilometern ist das Zwischenahner Meer
einmal umrundet. Wer noch ins Wasser springen möchte, kann
dies am Strand tun. Wer die traumhafte Kulisse lieber bei einer
deftigen Stärkung genießen will, ist im „Spieker", einem
Ammerländer Bauernhaus, richtig.

Tatsächlich ist dieser Weg natürlich kein Geheimtipp mehr.
Aber er lohnt sich unbedingt, nicht nur wegen der Vielseitigkeit
und den tollen Möglichkeiten, laufen, baden und Schiff fahren
zu verbinden, sondern auch wegen der möglicherweise weltbes-
ten Bratkartoffeln im „Spieker".

Die Höfe-Tour

Mit dem Fahrrad vorbei an alten Fachwerkhäusern,
an einen Badesee und in eine besondere Apotheke führt
die Höfe-Tour. Start und Ziel der etwa 30 Kilometer langen
Strecke ist Sulingen.

Los geht es mitten in Sulingen. Wer mit dem Auto anreist,
findet an der Kirche kostenlose Parkplätze und genug Platz, um
bequem das Fahrrad aus- oder abzuladen. Von hier aus beginnt
der Ausflug, vorbei an der alten Bürgermeisterei, in Richtung
Groß Lessen.

Fachwerk, Natur und Kultur

Und schnell zeigt sich, was diese Tour zur Höfe-Tour macht:
Entlang des Weges befinden sich viele alte Fachwerkhäuser, die
teilweise aufwendig saniert wurden.

Ebenso faszinierend ist aber auch die Natur, es geht zunächst ins Moor und dann in die Heidelandschaft der Gemeinde
Kirchdorf mit vielen Feldern und Wiesen. Achtung: Der Weg ist
hier ganz „naturbelassen", die Strecke besteht zum großen Teil
aus Landwirtschaftswegen mit Kies und Sand. Darum sollte man
nicht mit allzu dünnen Reifen unterwegs sein.

Wer einen kurzen Zwischenstopp mit Kultur einlegen
möchte, hat dazu in Bockhorn Gelegenheit. Hier steht ein
wirklich imposanter Hof: der Kunsthof „Bockhorn 2b". Dort
finden regelmäßig Ausstellungen oder andere Veranstaltungen
statt – ein Besuch lohnt sich also.

Der Stadtsee in Sulingen

Badestopp am Stadtsee

Über Vorwerk gelangt man im weiteren Verlauf zum Sulinger
Stadtsee. Er bietet eine Badeinsel und einen Steg, von dem aus
man bequem ins Wasser kommt – an heißen Sommertagen ist
das eine großartige Erfrischung.

Wer nicht schwimmen möchte, kann hier aber auch einfach
ein Getränk im „Café am Stadtsee" genießen. Dazu ein Stück
warmer Apfelstrudel mit Vanilleeis im Garten des Cafés – und
der Abschluss der Radtour ist perfekt, denn vom Café aus sind
es nur ein paar Rad-Minuten zurück ins Zentrum von Sulingen.
Allerdings sollte man auf einen kleinen Abstecher am Ende
nicht verzichten – einen kurzen Halt bei der prominenten
Apotheke des Ortes. Hier wird nämlich eine ganz besondere
„Medizin" verkauft: ein Kräuterlikör aus eigener Herstellung.
Jens Dunker führt das traditionelle Familiengeschäft mit dem
sogenannten „Bullenschluck" fort.

Likör mit Tradition

Die Apotheke gibt es seit 1788, aber inzwischen ist sie ganz auf
die Herstellung des „Bullenschlucks" spezialisiert. Das große
Haus ist Wohnort und Brennerei zugleich. Im Hinterhaus wird
der Kräuterlikör nach einem alten Geheimrezept aufwendig in
neun Wochen hergestellt. Wer mag, kann sich hier für den
erfolgreichen Ausflug also auch eine hochprozentige Belohnung
gönnen.

Insgesamt ist die Höfe-Tour ein schöner und entspannter
Rundweg, der leider nicht ausgeschildert ist. Am besten orien-
tiert man sich an den Ortsnamen und den herkömmlichen
Radwegschildern. Und zurück zum Ausgangspunkt mit der
winkenden Belohnung findet man so immer.

L 338

L 338

Wildeshausen

Auf dem Jakobsweg von Harpstedt nach Wildeshausen

Wer vom Jakobsweg erzählt, meint meistens den Camino Francés, der in Santiago de Compostela endet. Man kann es aber auch etwas regionaler angehen und (erst einmal) das Teilstück von Harpstedt nach Wildeshausen pilgern. Ob als Wanderung oder „Pilgermission", dieser Weg ist auf jeden Fall lohnend.

Start an der Harpstedter Kirche

Als Startpunkt bietet sich, passend zum Weg, die Harpstedter Kirche an. Von hier aus weisen die Schilder mit der gelben Pilgermuschel auf blauem Hintergrund den Jakobsweg aus. Der Weg von Harpstedt nach Wildeshausen ist knapp 15 Kilometer

lang, wem das zu viel ist, der kann die Route auch mit dem Fahrrad erkunden, das ist an einigen Stellen allerdings nicht ganz einfach.

Der Weg führt von der Kirche aus zunächst durchs Wohngebiet Richtung Schützenhalle und dann hinaus in die Natur. Teilweise sind es keine Schotterwege, sondern richtige Feldwege, auf denen nur das Gras plattgetreten ist. Und dann wird es sandig – wer mit dem Rad unterwegs ist, sollte hier besser absteigen und schieben.

Unterwegs auf dem Jakobsweg

Der Weg führt insgesamt nicht über gewöhnliche Fahrradwege, auch wenn es durchaus Radpilger gibt. Dennoch ist der Jakobsweg viel ruhiger, nicht so viel frequentiert – und an einigen Stellen auch auf den ersten Blick gar nicht als Weg erkennbar.

Einkehr in Wildeshausen

Wer wirklich pilgern möchte und diesen Teil vielleicht nur als Abschnitt einer weiteren Reise begeht oder befährt, der kehrt in Wildeshausen beispielsweise im „Landhaus Thurm Meyer" ein, das direkt am Weg liegt und häufig Pilger aufnimmt.

Von Wildeshausen aus geht es auf dem Jakobsweg natürlich noch weiter – ein ganzes Wegenetz führt durch Europa zu dem Teil, der als Hauptweg bekannt ist: von den Pyrenäen nach Santiago de Compostela.

Dennoch bietet sich der Ort für eine Ausflugstour als Endpunkt an. In Wildeshausen finden sich mehrere Cafés und Eisdielen, aber auch Restaurants, wo man sich ganz nach Lust und Laune stärken kann, ehe es entweder mit dem Zug oder auf gleichem Weg zurück nach Harpstedt geht.

K 148

Augustendorf

K 148

Das Huvenhoopsmoor

700 Meter – der Hauptteil dieses Ausflugs ist nicht besonders lang, dafür aber umso spannender. Denn auf dem Moorerlebnispfad in Gnarrenburg kann man nicht nur viel über das Moor lernen, sondern sich auch auf eine kleine Zeitreise begeben.

In der Gemeinde Gnarrenburg befindet sich im Huvenhoopsmoor, das zum Teufelsmoor gehört, der Moorerlebnispfad. Und ein Besuch ist tatsächlich ein sehr lehrreiches Erlebnis, denn das Moor ist sehr viel mehr als nur schwarz-braune „Matschepampe".

Der Pfad führt auf 700 Metern an verschiedenen Biotopen entlang. Hier kann man gut sehen, wie sich das Moor entwickelt hat und welche Tiere es anzieht; Kraniche zum Beispiel, die man hier sehr gut beobachten kann, und Libellen aller Art. Auch über die Kultivierung des Moors und die große Bedeutung des Torfs für die ehemaligen Moorbewohner kann man sich an den einzelnen Stationen informieren.

Aber nicht nur lernen kann man hier, sondern eben auch erleben! Drei Stationen des Moorerlebnispfads laden zum Mitmachen ein. Hier kann man, wie die Torfstecher damals, über Moorgräben springen – oder durch einen angelegten Sumpf stapfen. Dabei merkt man mal am eigenen Körper, welche Sogwirkung das Moor tatsächlich hat! Und am Ende des Moor-Sumpfes steht ein Brunnen, damit man sich die Füße sauber-machen kann, ehe es weitergeht.

Denn rund anderthalb Kilometer vom Moorerlebnispfad entfernt liegt der Historische Moorhof Augustendorf. Hier wird noch einmal gezeigt, wie das mit dem Torf damals eigentlich genau gemacht wurde – und wie aufwendig der Abbau des „moorigen Golds" war.

Nach so vielen neuen Eindrücken hat man sich eine Stär-kung redlich verdient. Im „Gasthaus zum Huvenhoop" wird leckerer Kuchen serviert – stilecht am Kanal. Da kann man das Moor (und den Kuchen) noch einmal in Ruhe genießen – und das ganze neue Wissen erst mal sacken lassen!

Der Moorhof Augustendorf

Rundtour von Achim über Thedinghausen und zurück

Feldwege und viel Natur – und am Ende feine Torten in einem ganz besonderen Café: In Achim und Umgebung lohnt es sich, einfach mal aufs Rad zu steigen.

Nach Achim kommt man unkompliziert mit dem Zug oder mit dem Auto, das auch am Bahnhof kostenlos geparkt werden kann. Von hier aus geht es den kleinen Berg hinauf und ein Stück die Hauptstraße entlang bis zum Kreisel. Hier steht ein erstes Schild für einen besonderen Weg: Auf die sogenannte „Liebes-Tour" weist eine gelbe Rose hin. Auf gut geteerten Fahrradwegen führt die Route entlang der Weser Richtung Baden, einem Ortsteil von Achim.

Eine Buche für die Liebe

Auf Höhe des Spielplatzes an der Weser – so steht es in alten Schriften – sollen Paare als Zeichen ihrer Liebe ihre Namen in den Stamm einer alten Buche geritzt haben, wo genau ist aber nicht bekannt.

Weiter geht es entlang der „Badener Berge" direkt an der Weser. Wer hier am Hang wohnt, hat einen tollen Ausblick auf den Fluss und die gegenüberliegende Seite mit ihren Wiesen und Feldern.

Die alte Mühle
in Achim-Uesen
und der Ortsstein
in Achim-Baden

Etwa sechs Kilometer hinter Achim wird die Weser Richtung Intschede überquert. Es herrscht allerdings mitunter viel Verkehr und auch Autos nutzen die einspurige Brücke.

Kurz dahinter geht rechts ein Feldweg Richtung Werder ab, der weg von den Autos führt. Die Asphaltwege sind leider sehr in die Jahre gekommen und uneben. Hier breitet sich eine echte Ebene aus, es gibt flaches Land und eine kilometerweite Aussicht.

Ursprung des Namens Werder

Der Ortsname Werder lässt Bremer natürlich sofort an Fußball denken, bezieht sich allerdings auf ein Naturphänomen, denn der Ort war früher umgeben von zwei Flüssen. An der Kirche sind sogar noch Bootshaken zu sehen.

Von hier aus sollte auf jeden Fall ein kurzer Abstecher nach Thedinghausen unternommen werden. Hier befindet sich der Erbhof, ein prächtiges Bauwerk im Stil der Weserrenaissance.

Der Thedinghauser Erbhof

Er wird heute oft als Schloss bezeichnet. Errichtet wurde der Hof um 1620 aus roten Ziegelsteinen mit weißen Mörtelfugen – und aus einer großen Liebe heraus. Alle Hintergründe zur traurigen Geschichte des Erzbischofs Johann Friedrich von Bremen und seiner Geliebten kann man vor Ort erfahren.

Von hier aus geht es entlang der Landstraße zunächst wieder zurück Richtung Werder und anschließend über die Weser zurück nach Achim. Nach gut 35 Kilometern ist der Ausgangspunkt der Tour wieder erreicht. Allerdings empfiehlt sich vorher noch ein kleiner Schlenker: An der Straße, die vom Kreisel Richtung Bierden führt, kommt nach wenigen Metern auf der linken Seite, etwas von der Straße abgerückt, ein hübsches altes Fachwerkhaus.

Gemütliches Kaffeetrinken im historischen Bauernhaus

Das „Café im Clüverhaus" liegt in einem alten Bauernhaus, dessen roter Backstein von blau gestrichenem Holz unterbrochen wird. Drinnen im Café ist das Holz naturbelassen und wirkt sehr gemütlich. Das Café ist aber nicht nur wegen des historischen Ambientes ein besonderer Ort. Es wird von behinderten Menschen betrieben und der Chef Dieter Hase sagt voller Stolz, dass hier nicht nur leckere selbstgemachte Torten, sondern auch der beste Service locken. Davon, wie recht er damit hat, sollte man sich unbedingt selbst überzeugen.

Insgesamt lohnt sich der Ausflug nach Achim und in die Umgebung, weil es hier tolle Wege durch die Felder gibt und viele Ausflugslokale zum Einkehren einladen.

Das Clüverhaus bietet historische Atmosphäre und leckere Torten

Wandern in Wedehorn

Viel Natur, eine Wohnmühle und ein paar ganz besondere
Bauernhäuser locken zur Wanderung nach Wedehorn.

Los geht es am Wedehorner Göpel. Der Göpel war ursprünglich
eine Arbeitshütte, heute ist der achteckige Pavillon Treffpunkt
für Radfahrer und Wanderer. Hier gibt es einen Spielplatz, eine
Rasenfläche zum Fußballspielen und Tische und Stühle für ein
kleines Picknick. Die Beschilderung des Weges ist allerdings auf
den ersten Blick dürftig.

Immer den kleinen Holzschildern folgen

Es ist ein kleines quadratisches Holzschild mit einer eingravier-
ten Mühle, das den Weg weist. Wenn man das Schildchen aber
erst einmal entdeckt hat, hat man eine zuverlässige Orientierung.

Vom Göpel aus geht es in nördlicher Richtung los, an alten
Häuslingshäusern vorbei. Diese Häuser waren für Bedienstete
in der Landwirtschaft, die damals Häuslinge genannt wurden.
Sie arbeiteten tagsüber auf dem großen Hof und hatten nach
Feierabend an ihrem Haus noch eine kleine Landwirtschaft zur
Eigenversorgung.

Eindrücke aus und um Wedehorn

Ein kleiner Berg, kurzweilige Waldwege und die schöne Mühle

Der Weg führt weiter zum Weißen Berge – zwar nur 55 Meter hoch, aber damit in der Umgebung immerhin das Höchste, was man finden kann. Es geht über offene Feldwege, auf denen man schon mal Rehen begegnet, und schattige Waldwege. Und immer hat man die Wedehorner Mühle im Blick, die übrigens privat bewohnt ist. Vorbei an einem Rastplatz am Buchenwald im Naturschutzgebiet Klosterbachtal führt der Rundweg schließlich zurück zum Göpel.

Von hier aus ist es nicht weit bis zur Hauptstraße Wedehorn, wo man in der Gaststätte „Ellinghausen" einkehren kann. Neben Speisen und Getränken gibt es dort vor allem einen sehr schönen Garten. Die Gaststätte besuchen viele Ausflügler, die den zehn Kilometer langen Mühlenweg entweder zu Fuß oder auch mit dem Rad erkundet haben. Beides ist sehr gut möglich, wenn man sich an die Markierungen hält.

Von Brake nach Bremerhaven

Ein Ausflug, der sich auch bei durchwachsenem Wetter eignet und der neben Radfahren auch gleich noch Kultur, allerfeinsten Fisch und eine Schifffahrt bietet? Das findet man in der Wesermarsch – bei der Fahrt von Brake nach Bremerhaven und zurück.

Startpunkt dieses Ausflugs mit dem Rad ist der Infopavillon direkt neben dem Hauptbahnhof von Brake. Hier kommt man später auch mit dem Ausflugs- schiff „Oceana" wieder an, wer also mit dem Rad im Auto

anreist, kann sich am Bahnhof oder am Binnenhafen einen Parkplatz suchen. Von hier aus geht es per Rad nach Blexen in Nordenham.

Schafe, Reethäuser und Apfelbäume

Es ist eine schöne Strecke, die immer am Deich entlangführt. Der Weg ist windgeschützt und nicht sehr viel befahren, am häufigsten trifft man auf Schafe. Hier stehen wunderschöne

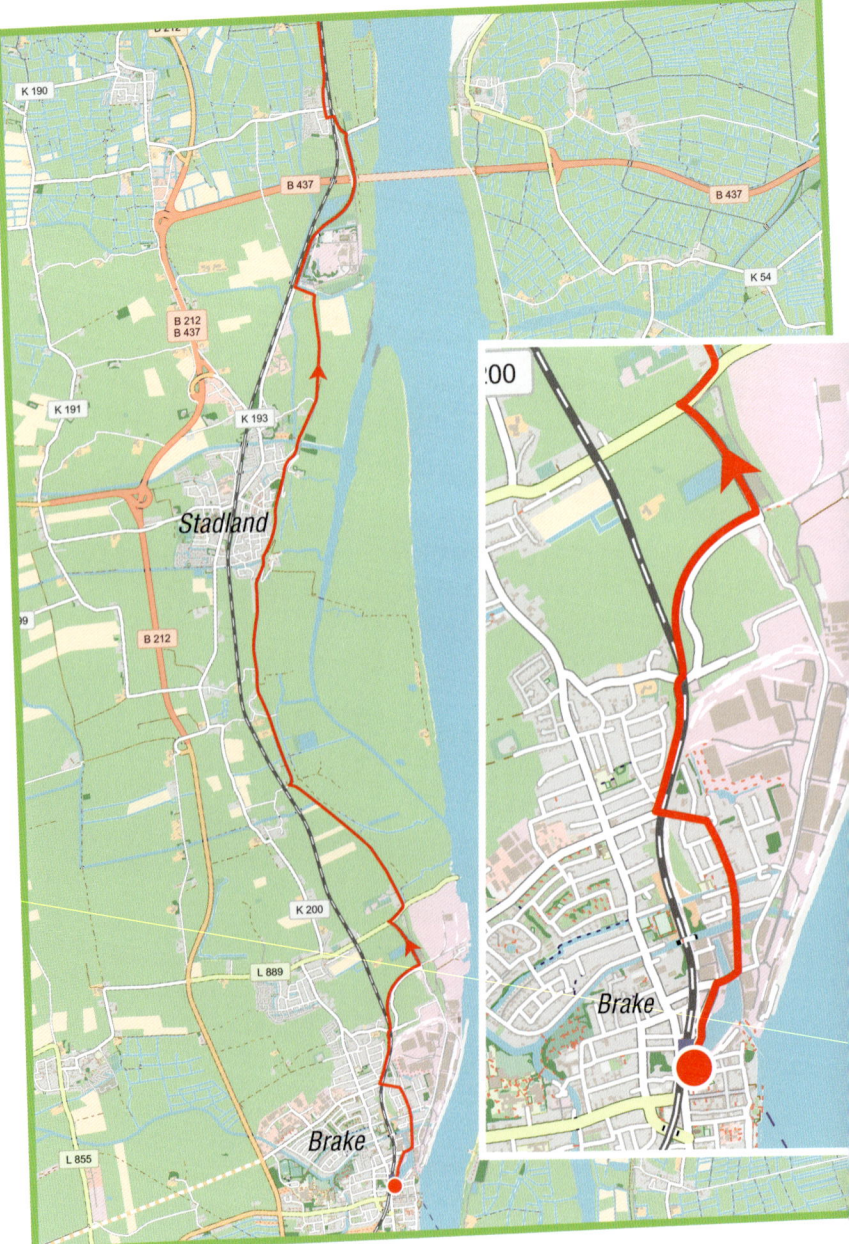

Reetdach-Häuser, in deren Gärten große Apfelbäume wachsen: Es ist hier fast schon paradiesisch.

Der Deichweg führt über Rodenkirchen und Kleinensiel vorbei am Abbehauser Sieltief. Bis Blexen sind es insgesamt rund 27 Kilometer, die man quasi die ganze Zeit entlang der Weser fährt, auch wenn man sie die meiste Zeit nicht sehen kann. Kurz vor Nordenham bietet sich dann aber doch einmal ein großartiger Blick aufs Wasser. Das nutzen auch viele Wohnmobilfahrer, die hier zumindest eine Pause machen.

Wie auf hoher See

Jetzt ist es nur noch ein kurzes Stück bis zur Fähre in Blexen. Die setzt im 20-Minuten-Takt über nach Bremerhaven. Zehn Minuten dauert das; eine Fahrt kostet 2,50 Euro – und es fühlt sich, je nach Wetterlage, ein bisschen an, als wäre man auf hoher See unterwegs.

In Bremerhaven angekommen, gibt es unzählige Möglichkeiten, die Stadt mit ihren vielen tollen Angeboten zu erkunden.

Blexen

Bremerhaven

Bremerhaven

Es gibt spannende Museen, den Zoo am Meer, viele Schiffe und Shopping-Möglichkeiten. Wer nicht vom Rad runter möchte, dem sei der sehr schöne Geeste-Radweg empfohlen (siehe S. 58).

Frischer Fisch im Kult-Imbiss

In Bremerhaven sollte man aber auch unbedingt eine Mittagspause einlegen – und natürlich Fisch essen, beispielsweise bei „Fisch 2000", auch wenn es dort fast immer eine Schlange gibt. Seit über 30 Jahren gibt es den Kult-Imbiss im Fischereihafen. Er ist von der Innenstadt in ein paar Fahrradminuten zu erreichen. Der Weg lohnt sich und das Warten auch, denn hier gibt es Fisch in einer ehemaligen Auktionshalle – ursprünglich und ehrlich. Und der Preis ist es auch: Ein Fischgericht plus Getränk kostet acht bis zehn Euro.

Mit dem Schiff zurück nach Brake

Direkt am Willy-Brandt-Platz in Bremerhaven kann man zum Abschluss der Tour auf die „Oceana" steigen. Auf der Fahrt zurück nach Brake  lässt sich die Landschaft dann noch mal vom Wasser aus genießen. Da die Sitzplätze auf dem Schiff geschützt und in Bremerhaven zahlreiche Aktivitäten in Innenräumen möglich sind, bietet sich dieser Ausflug ganz besonders auch dann an, wenn das Wetter mal etwas durchwachsen ist – und man dennoch aktiv sein und sich vom Regen nicht die Tour vermiesen lassen möchte.

Das Weser-Aller-Dreieck erwandern

*Festes Schuhwerk und vielleicht ein bisschen Proviant,
mehr braucht man für einen herrlichen Tag in der einsamen
und weiten Landschaft von Verden nicht.*

Direkt an der Aller im Zentrum von Verden gibt es gute und für
diesen Ausflug sehr günstig gelegene Parkmöglichkeiten.
Entweder vor dem Allerpark oder unten direkt am Wasser in der
Straße Am Bollwerk. Von hier startet die Tour durch die Umgebung von Verden – zunächst über die Allerbrücke und dann auch
noch über die Alte Aller. So gelangt man zur Bundesstraße 215.

Nah bei Verden – und doch wie im Urlaub

Dort ist es zunächst etwas laut, aber nach nur wenigen Metern
biegt ein knapp drei Meter breiter Weg ab und es ist fast sofort
ruhiger. Der Weg verläuft am Deich entlang der Aller, je nach
Jahreszeit blühen Blumen und auch zahlreiche Wildkräuter gibt
es hier.

Wer auf den Deich hinaufsteigt, kann außerdem einen Blick
auf die Aller und zudem auch auf die Stadt Verden werfen. Das
Bild ist wirklich sehr idyllisch.

Die Aller fließt gemächlich
entlang des Weges

Viele Bänke, wenig Einkehrmöglichkeiten

Immer wieder finden sich Bänke am Deich. Von hier kann der
Blick kilometerweit durch die einsame und weitläufige Landschaft schweifen. Gerade unter der Woche sind hier nicht
unbedingt viele Menschen unterwegs, dafür kann einem schon
mal eine Herde Schafe begegnen. Am Wochenende, ganz besonders bei gutem Wetter, ist die Strecke aber durchaus beliebt
bei Ausflüglern zu Rad und zu Fuß oder auch auf Inlinern.

Nach knapp fünf Kilometern kommen das erste Mal wieder einige Häuser in Sicht. Klein Hutbergen heißt es hier. Im Ortskern befindet sich eine Pferdekoppel, alles wirkt sehr ländlich, obwohl es eigentlich recht zentral gelegen ist.

Ein Abstecher ins Grüne nahe der Zivilisation

Aus Klein Hutbergen gibt es jetzt mehre Möglichkeiten, zurück nach Verden zu laufen. Der direkte Weg ist rund sechs Kilometer lang, mit einem Abstecher über Groß Hutbergen verlängert sich die Tour auf insgesamt gut zehn Kilometer.

Besonders unter der Woche, wenn man die Landschaft ganz für sich alleine hat, ist dieser Ausflug wirklich wie ein kleiner Urlaub. Ein Manko gibt es aber: Einkehrmöglichkeiten sind leider rar gesät. Darum sollte man sich auf jeden Fall genügend zu trinken und vielleicht auch etwas zu essen mitnehmen – Bänke, auf denen man seinen Proviant mit einem tollen Blick in die Weite genießen kann, gibt es entlang des Deichs auf jeden Fall genug.

Quellenverzeichnis

Kartenmaterial: ©OpenStreetMap-Mitwirkende, www.openstreetmap.de, lizenziert unter CC BY-SA 2.0 [1]

Autorinnenfotos Umschlag: Tammo Jans

Ausflugsfotos Umschlag hinten: Ariane Wirth

S. 8: Matthias Süßen (https://commons.wikimedia.org/wiki/File:Fischerhude18_msu.jpg), „Fischerhude18 msu", https://creativecommons.org/licenses/by/3.0/legalcode

S. 10: Matthias Süßen (https://commons.wikimedia.org/wiki/File:Fischerhude573_msu.jpg), „Fischerhude573 msu", https://creativecommons.org/licenses/by/3.0/legalcode

S. 13: Heiner Otterstedt, Wikimedia Commons, lizenziert unter CC BY-SA 3.0 [2]

S. 14, 17, 18, 20, 21, 30, 32,33, 42, 44, 46, 48, 54, 56 (oben und Mitte), 68, 70, 72, 73, 74, 76, 77, 79, 81, 82, 84, 86, 88, 89, 90, 91, 92, 94, 96, 97, 112, 113, 114, 115, 120, 122, 123, 124, 125,136, 138,139: Ariane Wirth

S. 16: XenonX3, Wikimedia Commons, lizenziert unter CC0 1.0 [3]

S. 24, 36, 64 (unten), 106, 108, 110, 111, 128 (oben), 129: Janine Horsch

S. 25: Wdwdbot, Wikimedia Commons

S. 26, 29: Michael Schuster, Salinos Design

S. 34: Uniqxx, Wikimedia Commons, lizenziert unter CC BY-SA 4.0 [4]

S. 40 (links): Stefan Didam – Schmallenberg, Wikimedia Commons, lizenziert unter CC BY-SA 3.0 [2]

S. 40 (rechts): Ein Dahmer, Wikimedia Commons, lizenziert unter CC BY-SA 3.0 [2]

S. 41: Tuxyso, Wikimedia Commons, lizenziert unter CC BY-SA 3.0 [2]

S. 52: Natur- und Erlebnispark Bremervörde GmbH, Iris Köster, Wikimedia Commons, lizenziert unter CC BY-SA 3.0 [2]

S. 53: Morn, Wikimedia Commons, lizenziert unter CC BY-SA 3.0 [2]

S. 56 (unten): Gasthaus Holschenböhl

S. 58: Rembert Satow, Wikimedia Commons, lizenziert CC BY-SA 3.0 [2]

S. 59: Hannes Grobe, Wikimedia Commons, lizenziert unter CC BY 3.0 [5]

S. 60: Garitzko, Wikimedia Commons

S. 64: Einsamer Schütze, Wikimedia Commons, lizenziert CC BY-SA 3.0 [2]

S. 65: Matthias Süßen (https://commons.wikimedia.org/wiki/File:Ganderkesee_ Orgel78.jpg), „Ganderkesee Orgel78", https://creativecommons.org/ licenses/by/3.0/legalcode

S. 66, 69: Familie Brüning Restaurant und Hotel GmbH

S. 93: Brunswyk, Wikimedia Commons, lizenziert CC BY-SA 3.0 [2]

S. 100: MiraculixHB, Wikimedia Commons

S. 101: OxKing, Wikimedia Commons, lizenziert unter CC BY 3.0 [5]

S. 102: Arnold Plesse, Wikimedia Commons, lizenziert unter CC BY 3.0 [5]

S. 104: SebMe, Wikimedia Commons, lizenziert unter CC BY 3.0 [5]

S. 107: Ralf Krebs, Wikimedia Commons, lizenziert unter CC BY 3.0 [5]

S. 116, 117, 118, 119: Friedrich (Fritz) Metscher (Kultur- und Heimatverein Augustendorf e.V.)

S. 126: Kiwi05, Wikimedia Commons, lizenziert unter CC BY-SA 4.0 [4]

S. 128 (unten): Monster4711, Wikimedia Commons, lizenziert CC BY-SA 3.0 [2]

S. 131: Hombre, Wikimedia Commons, lizenziert CC BY-SA 3.0 [2]

S. 133: losch, Wikimedia Commons

S. 135: Hannes Grobe, Wikimedia Commons, lizenziert unter CC BY 3.0 [5]

[1] Namensnennung - Weitergabe unter gleichen Bedingungen 2.0 Generic, https://creativecommons.org/licenses/by-sa/2.0/deed.de

[2] Namensnennung – Weitergabe unter gleichen Bedingungen 3.0 Unported, https://creativecommons.org/licenses/by-sa/3.0/deed.de

[3] CC0 1.0 Universell, Public Domain Dedication, https://creativecommons.org/ publicdomain/zero/1.0/deed.de

[4] Namensnennung – Weitergabe unter gleichen Bedingungen 4.0 International, https://creativecommons.org/licenses/by-sa/4.0/deed.de

[5] Namensnennung 3.0 Unported, https://creativecommons.org/licenses/ by/3.0/deed.de

Worpswedes künstlerische, natürliche und historische Seiten kennenlernen: Auf sechs Routen lädt dieser Spazierführer zur Entdeckung des Künstlerdorfs am Weyerberg ein.

Jürgen Teumer
mit Fotos von Gabi Anna Müller
Spaziergänge in Worpswede
Überarbeitete Neuausgabe 2018
168 farbige Seiten

ISBN 978-3-7961-1009-2

In 212 Kilometern auf Schusters Rappen einmal rund um Bremen wandern. Dank der Aufteilung in Etappen sowohl für gemütliche Spaziergänge als auch für sportliche Wanderfreunde ideal.

Rita Schloendorff
Wandern um Bremen umzu
112 farbige Seiten

ISBN 978-3-944552-83-5

... oder entdecken Sie die schönsten Seiten des Nordens mit unseren Büchern von Zuhause!

www.schuenemann-verlag.de

© Carl Ed. Schünemann KG, Bremen
www.schuenemann-verlag.de
Nachdruck sowie jede Form der elektronischen Nutzung
– auch auszugsweise – nur mit Genehmigung des Verlages.
Texte: Ariane Wirth und Janine Horsch
Satz und Buchgestaltung: Carl Schünemann Verlag
Kartenmaterial: © OpenStreetMap-Mitwirkende

Printed in EU 2018 | ISBN 978-3-7961-1027-6